U0614991

给孩子的
经济学启蒙书

你花的钱去哪儿了？

［加拿大］凯文·西尔维斯特　　　［加拿大］迈克尔·赫林卡　著
［加拿大］凯文·西尔维斯特　绘
翟阳　译

童趣出版有限公司编译　　人民邮电出版社出版
北　京

图书在版编目（CIP）数据

你花的钱去哪儿了？ /（加）凯文·西尔维斯特，
（加）迈克尔·赫林卡著 ;（加）凯文·西尔维斯特绘 ;
童趣出版有限公司编译 ; 翟阳译. -- 北京 : 人民邮电
出版社，2023.10
（给孩子的经济学启蒙书）
ISBN 978-7-115-58921-7

Ⅰ. ①你… Ⅱ. ①凯… ②迈… ③童… ④翟… Ⅲ.
①经济学－少儿读物 Ⅳ. ①F0-49

中国版本图书馆CIP数据核字(2022)第044769号

著作权合同登记号 图字：01-2021-4394

本书中文简体字版由安尼克出版有限公司授权童趣出版有限公司，人民邮电出版社出
版。未经出版者书面许可，对本书的任何部分不得以任何方式或任何手段复制和传播。

- Original title: Follow Your Money: Who Gets It, Who Spends It, Where Does It Go?
- Originally published in North America by: Annick Press Ltd.
Copyright © 2013, Kevin Sylvester (text) / Michael Hlinka (text) / Kevin Sylvester
(illustration) Annick Press Ltd.

著　　　：［加拿大］凯文·西尔维斯特　　［加拿大］迈克尔·赫林卡
绘　　　：［加拿大］凯文·西尔维斯特
翻　译：翟　阳
责任编辑：王宇絜
责任印制：李晓敏
封面设计：刘　丹
排版制作：美宸佳印

编　译：童趣出版有限公司
出　版：人民邮电出版社
地　址：北京市丰台区成寿寺路 11 号邮电出版大厦（100164）
网　址：www.childrenfun.com.cn

读者热线：010-81054177　　经销电话：010-81054120

印　刷：天津千鹤文化传播有限公司
开　本：889×1194　1/16
印　张：3.5
字　数：80 千字

版　次：2023 年 10 月第 1 版　2023 年 10 月第 1 次印刷
书　号：ISBN 978-7-115-58921-7
定　价：48.00 元

版权所有，侵权必究。如发现质量问题，请直接联系读者服务部：010-81054177。

目 录

巨大的金钱网

钱。

钱。

钱。

几乎每个人都想要钱。有些人拥有庞大的财富，但是大多数人并非如此。

这本书探索了你的钱到底花到哪儿去了。

你可以把经济想象成一张巨大的蜘蛛网，即便是像买一听苏打水这么简单的事情，也与经济有着一系列复杂的关联。

要有农民来种用于制作甜味剂的玉米，要有人开采并炼制用来做金属罐的铝，要有工人在制作小苏打的工厂工作，要有人运输罐装后的苏打水，最终要有商店里的售货员把苏打水卖给你。然而这个过程甚至还没有涉及整个经济网的一半：经济网中的每个人都在创造成本，并从自己的劳动中获得一些报酬，把这些成本加起来，就构成了你买任何东西都需要付的"价格"。

随着经济（大体上包括制造、销售、购买）全球化，经济网变得更加复杂。不到 100 年前，人们主要从当地的农场或小商店里获取食物，这些小商店也是从当地农场进货的。这看上去很简单，是不是？而如今你的食物可能来自中国、委内瑞拉或者美国。这些商品是怎么来的呢？它们的成本又是多少呢？

本书将通过如下线索带你一探究竟。

这些内容也许能解释为什么距离你家 1000 千米的地方油价上涨，就意味着下周你买一包薯条的价格可能贵一些。本书还会告诉你，当你选择了一条普通牛仔裤而不是一条高级设计师定制的牛仔裤时，你究竟是在为什么而买单，以及为什么打印机油墨是世界上最有利可图的商品之一。

知识是有力量的。知道某件商品为什么这么贵，可能会让你懂得珍惜它，更感激那些让你得到它的人。同时，知道你的钱花在哪里可以让你成为一个更聪明的消费者。

那么，你花的钱去哪儿了？

请翻阅这本书来寻找答案。

注意！本书中使用的均为外国案例，其中的价格是估计值且是四舍五入的，可能与你的实际生活不相符。并且价格总是变化的，所以不要到水果店去说："西尔维斯特和赫林卡（译者注：本书作者）告诉我苹果只需要 0.1 美元*！"

（＊在本书出版前，1 美元大约可以兑换人民币 7.3 元。外币与人民币的兑换比例是随时变动的，你可以在中国银行官方网站上查询到最新的数字。）

钱是什么？

在具体分析钱的去向之前，我们需要先回答一个非常关键的问题：钱到底是什么？

钱基本上代表了我们赋予某种事物的价值，比如 1 个数字音乐播放器，做 1 个汉堡或在日出前送 100 份报纸所花费的时间。

英文的"salary（工资）"一词来源于拉丁语的"sal（盐）"，因为古罗马人用盐作为货币。

约公元前3000年

人们开始用某种形式的"钱"作为劳动报酬或者交易物品。比如你有一头骆驼，但并不需要买毯子，卖毯子的人如果可以支付给你代表骆驼价值的"钱"，你仍然可以把骆驼卖给他。贝壳是那时常见的货币形式，而古罗马人用盐作为货币。

约公元前8000年

人们采用物物交换的方式进行交易，比如用骆驼换毯子。有时候，人们也用劳动交换物品。

约公元前1000年

最早的硬币出现了，它们由金或银制成，并且刻有国王、皇帝或其他有权势的人的肖像。这是有权势的人为货币价值担保的一种方式。

约公元1000年

古代的中国使用纸质的钱币，名为"交子"。

约公元1400年

阿兹特克人将可可豆作为一种货币。

　　纸币、硬币上的数字代表了我们认为或一致认可的某种价值。如果店家认为他的商品值 10 美元，那你就需要用一张 10 美元的钞票来交换这件商品。政府发行货币就要为货币的价值背书，以确保店家把赚来的 10 美元花到其他地方时，货币的价值就与发行时基本相等。

　　银行账户显示的数字"10"也表示相同的意思，你既可以让它仅作为一个数字存在于你的账户上（存款），也可以将它取出来（钞票），用它交换其他"真实"的物品（商品或服务）。

　　现在，你明白了吧？很好！

　　让我们去花些钱吧。

现今
钱币上有很多类别的特殊安全保护特征，用于防止伪造钱币。这些防伪特征包括全息图、特殊螺纹、隐藏的数字、水印等。

公元1950年
大来俱乐部发行了第一种信用卡，用餐者可以先用餐，后付款。随后，其他信用卡相继出现。现在，人们几乎可以使用这些塑料卡片购买任何商品。

公元19世纪初起
黄金成为"标准"。一个国家发行的货币量要以其拥有的黄金为限，即靠黄金为货币的价值背书，比如 1 英镑等于 1 磅真实的黄金。

公元1931年
"金本位制"终止。各种货币与黄金不再按照之前的固定兑换比率。

公元17世纪中叶
欧洲人开始使用纸币。此前的许多年里，欧洲人带着很沉的硬币买东西。

利润：为盈余欢呼

任何关于"钱花到哪儿去了"的讨论都会引出了这个问题——谁得到了这笔钱？当你买了某样东西，一部分钱到了参与生产和销售该商品或服务的人的手里；除去支付该商品或服务的成本后，剩下的就是"利润"。

想象一件商品，可以是一双鞋，一条不错的牛仔裤，或是一个纸箱，它们都有你要负担的价格。这件商品的原材料是有成本的，那么用价格减去原材料成本肯定就是利润了吧？但是事实并非如此，商家还有其他成本需要负担。

● 除原材料成本外，还有劳动力成本、机器和制造成本、仓储和运输成本等，基本上与生产相关的每一个环节都有成本。

● 做生意也有成本，如员工工资、店铺租金、电费、新产品的调研费用、电脑系统费用等。

在你支付的价格扣除某人支付的所有成本后，剩余的就是某人获得的利润。

我们用一个简单的例子——一个价值 10 美元的盒子来解释一下。10 美元包含盒子的制造成本，制造成本又包括纸板、胶带、胶水，还有付给工人的工资，以及存储和运输纸箱的成本。即使考虑了这些，也并没有包括全部的成本。

盒子的销售价格	10.00美元
减去每个盒子的制造成本：	
● 纸板	2.00美元
● 胶带、胶水	1.00美元
● 运输等	1.00美元
总成本	4.00美元
剩余	6.00美元

那么盒子的制造商可以从每个盒子上赚 6 美元吗？那是不可能的！

盒子的制造商把盒子卖给商店，商店再把盒子卖给你。盒子的制造商和商店各自都有成本，并且他们都想把钱装进自己的口袋。现在，我们考虑更多的成本，看看他们各自得到了哪些钱。

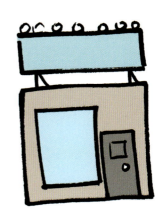

盒子的制造成本（见上）	4.00美元

更多成本——按单个盒子计算如下：

- 纸板价格上涨　　　　　　　　　　　0.10美元
- 人工和机械成本上涨　　　　　　　　0.10美元
- 被洪水毁坏的部分盒子均摊后的成本　0.10美元

总成本　　　　　　　　　　　　　　　4.30美元

盒子的制造商以每个盒子5美元的价格将盒子卖给商店。盒子的制造商从每个盒子中得到 0.7 美元。

商店以 10 美元的价格出售盒子，但也还有其他成本。

盒子卖给消费者的价格	10.00美元

减去如下成本：

- 商店承担的盒子的成本　　　　　　　　　　5.00美元
- 水电费（照明费等）　　　　　　　　　　　0.50美元
- 租金　　　　　　　　　　　　　　　　　　1.00美元
- 销售人员和其他销售不佳物品造成的损失　　3.00美元

每个盒子商家得到　　　　　　　　　　　　　0.50美元

盒子的制造商需要生产大量的盒子，这样才能用每个只赚 0.7 美元的盒子养活自己。对于从销售每个盒子上赚 0.5 美元的商家来说也是如此。事实上，几乎没有人能只卖几件东西就赚到钱，赚钱的关键通常取决于销售量：销售的商品数量多，就会得到累积起来的利润。

我们总是用到"底线"一词，它到底是什么意思呢？这个词源自数学概念。当你对一堆数字做加、减或乘的运算时，运算结果位于堆栈的底部。这个最下面的数字或"底线"可以告诉你计算完成后的其他数字代表什么含义。当人们谈论商业成本和利润时，他们通常说的是以下两种利润。

> "毛利"是除去生产商品或提供服务的成本以及运输成本后的利润。这些成本包括原料、人工、机器和仓储、运输成本，与生产相关的成本基本上都包括在内。

> "净利"是毛利扣除销售过程中产生的其他费用后的利润。这些费用包括租金、电费、保险费等。净利通常被称为"最终盈利"，它是商家赚取的部分。

当你在这本书中看到"剩余"或"利润"时，不要认为这些钱进了某个人的口袋。本书的多数案例中，利润确实指的是净利，但在净利进入某人的口袋前，还要扣除一些其他费用。

早　餐

醒醒吧，瞌睡虫，该吃早餐了！一天开始之际，我们还有什么更好的地方去探索经济网吗？当你走进厨房，会把眼睛睁大，以便寻找到美食。你径直走向橙汁，再拿一盘鸡蛋和烤面包。在走出厨房前，请想一想这些食物背后的故事。

培　根！

1 袋培根 3 美元。农场主得到 1 美元。在食品产业中，农场主占有重要地位。让我们仔细看看农场主如何能赚取并花掉这 1 美元。其中大约只有 0.1 美元是利润，那么剩余的 0.9 美元去哪里了？

培根的价格	3.00美元
农场主获得	1.00美元
减去如下成本：	
• 买猪的成本	0.30美元
• 养猪的成本	0.30美元
（猪吃得很多，所以这笔钱当然要算在农场主和负责饲养猪的公司的头上）	
• 运营农场的成本	0.30美元
（拖拉机、采暖、照明、土地税，以及几乎哪里都用得到的汽油产生的成本）	
农场主的利润	0.10美元

鸡蛋（每打）的价格	3.00美元
农场主获得	1.00美元
减去如下成本：	
• 鸡的成本	0.10美元
• 饲养鸡的成本	0.37美元
• 房屋成本	0.10美元
• 人工成本	0.03美元
农场主的利润	0.40美元

余下的 2 美元没有支付给农场主，而是用于负担运输、仓储、冷藏、打包及商店的成本。有时商店会额外加价，使每打鸡蛋售价 4 美元。这额外的 1 美元也许是商店的利润，也许用于负担商店打广告的成本。

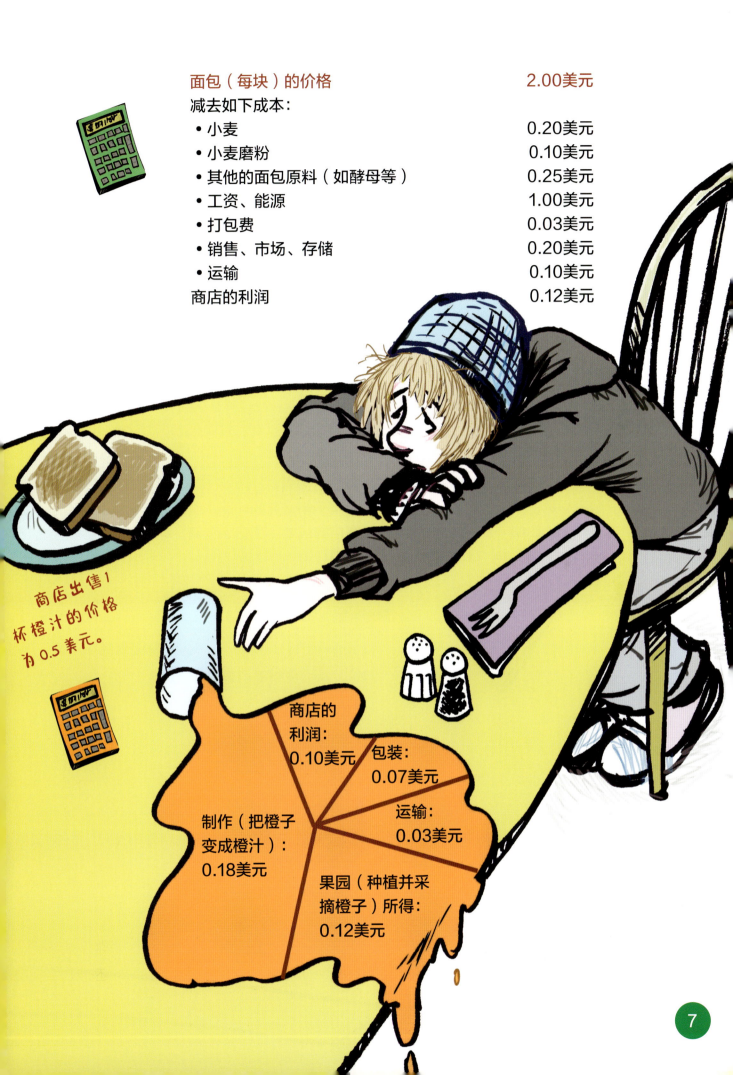

面包（每块）的价格　　　　　　　　　　　　2.00美元
减去如下成本：
- 小麦　　　　　　　　　　　　　　　　　0.20美元
- 小麦磨粉　　　　　　　　　　　　　　　0.10美元
- 其他的面包原料（如酵母等）　　　　　　0.25美元
- 工资、能源　　　　　　　　　　　　　　1.00美元
- 打包费　　　　　　　　　　　　　　　　0.03美元
- 销售、市场、存储　　　　　　　　　　　0.20美元
- 运输　　　　　　　　　　　　　　　　　0.10美元
商店的利润　　　　　　　　　　　　　　　0.12美元

商店出售1杯橙汁的价格为0.5美元。

商店的利润：0.10美元

包装：0.07美元

运输：0.03美元

制作（把橙子变成橙汁）：0.18美元

果园（种植并采摘橙子）所得：0.12美元

上　学

学生的一天中也充满了经济行为。有人给你买了你正穿着的衣服，对吧？还有你背的书包。拉开书包的拉链（它也包含大量的成本！），看看里面有什么。满满都是书，还有其他东西。这些都在讲述着关于钱的故事。

铅笔的价格　　　　　　　　0.15美元

减去如下成本：

- 木材　　　　　　　　　0.01美元
- 石墨　　　　　　　　　0.01美元
- 橡皮、涂料等　　　　　0.01美元

剩余　　　　　　　　　　0.12美元

粗略估计，0.12 美元的一半进了铅笔制造商的口袋，另一半归属于商店，用于支付商店的成本，余下一些是利润。

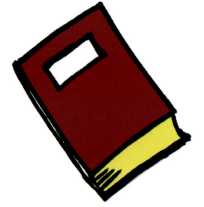

笔记本的价格　　　　　　　6.00美元

减去如下成本：

- 封面纸板　　　　　　　0.02美元
- 内部纸张　　　　　　　2.50美元
- 螺旋式装订　　　　　　0.01美元
- 其他制造成本　　　　　1.47美元
- 归属于制造商的利润　　0.20美元
- 商店的成本（工资、仓储、租金）1.50美元

商店的利润　　　　　　　0.30美元

制造商要花钱在原料、设备和人工上，并将这些成本计入价格，转嫁到商家头上。制造商会再加一些钱（0.2 美元），这就是成本基础上的加价，从而使每笔销售都有利润。

你所用的每本教材大概需要学校负担 25 美元至 100 美元（取决于科目）。然而一本实体书的成本大约是 4 美元（近似一个笔记本的成本）！为什么会有 4 美元到 25 美元，甚至 100 美元之间这样巨大的差异呢？因为教材的出版商要给教材内容的"生产者"付费，比如研究员、作者、编辑、画手等。出版商还要付费给印刷公司、运输公司和出版电子书的公司。

现在你知道为什么当你在书上乱画或把书弄丢时，老师和家长会非常生气了吧！

那么书包呢？比如你买了一个很不错的书包，花了大约 30 美元。这个书包应该足够坚固，能陪伴你很多年。

书包的价格	30.00美元
减去如下成本：	
• 布料	6.00美元
• 拉链	5.00美元
• 人工和制造费用	2.00美元
• 其他成本	4.00美元
• 归属于制造商的利润	1.00美元
• 商店的成本（工资、租金等）	9.00美元
剩余	3.00美元

制造商生产一个书包的成本是 17 美元，并以 18 美元的价格将书包卖给商店，这 1 美元的差额就是制造商的利润。

看起来不错

　　当然，上学不止涉及铅笔、笔记本和书包。出门前，你希望自己看起来还不错，或者至少要穿衣服吧！假设你去逛街并买了一条新的牛仔裤。

　　等一下！你买的是普通牛仔裤还是由设计师设计的牛仔裤？这二者之间在制作工艺上没有很大差别，但牛仔裤的价格很大程度上取决于口袋上缝的名字（或者说是它的品牌）。

普通牛仔裤的价格	40.00美元
减去如下成本：	
• 布料	3.00美元
• 设备、运输	4.00美元
• 其他生产成本	1.00美元
• 归属于制造商的利润	2.00美元
• 商店的成本（工资、租金等）	
	17.00美元
剩余	13.00美元

设计师设计的牛仔裤的价格	80.00美元
减去如下成本：	
• 布料	3.00美元
• 设备、运输	4.00美元
• 其他生产成本	1.00美元
• 归属于制造商的利润	2.00美元
• 商店的成本（工资、租金等）	
	17.00美元
剩余	53.00美元

　　你的牛仔裤大约需要使用价值 0.8 美元的棉，用于支付棉织物的钱是分给农场主和收棉花的人的。

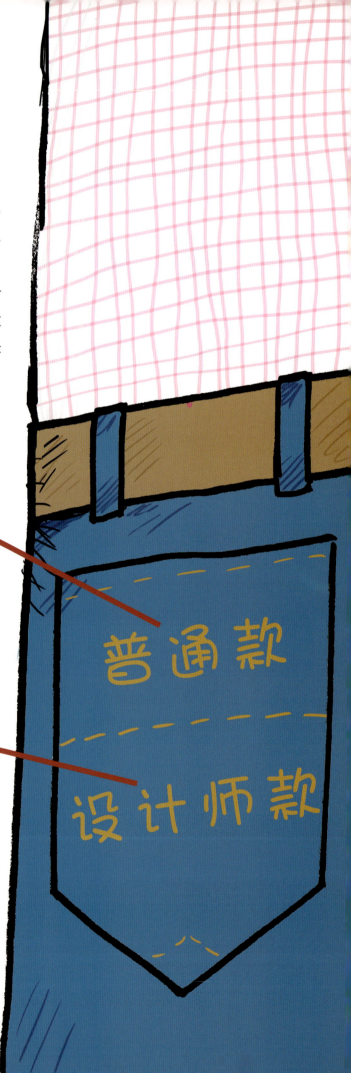

普通款

设计师款

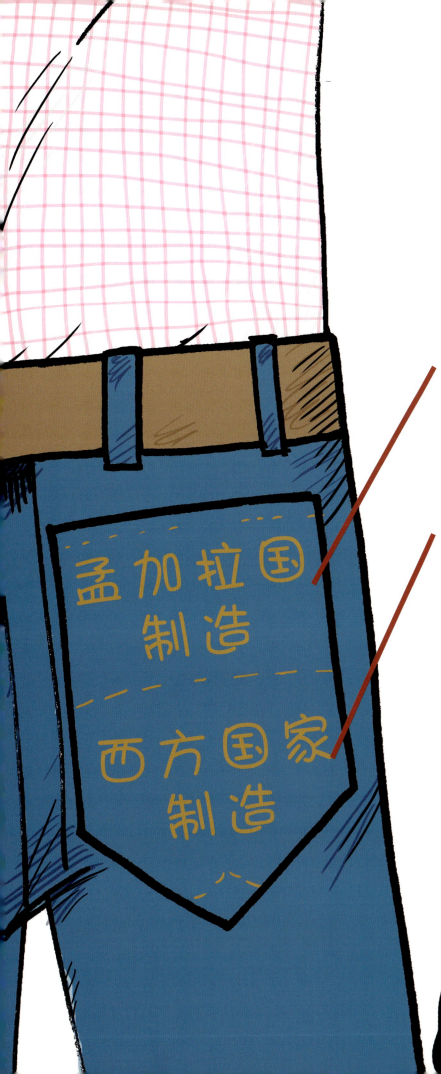

孟加拉国制造

预期每个工人每小时制作 10 条牛仔裤。一个典型的工人每年的收入为 800 美元。按每周工作 50 小时计算，工人时薪约为 0.3 美元，相当于每制作一条牛仔裤，工人获得的报酬是 0.03 美元。

西方国家制造

美国和加拿大的工人工资更高，比如每小时的工资约为 10 美元。如果加拿大的工人和孟加拉国的工人制作同样数量的牛仔裤，那么加拿大生产的每条牛仔裤的人工成本是每小时 1 美元。

这 0.7 美元的差距会影响制造商的利润，这也是很多公司把工厂搬到离销售市场很远的地方的原因之一。

燃料！燃料价格也是这个难题的一部分。巨型货运船使得在全球范围内运输大量的如牛仔裤一类的货物成为可能。船从孟加拉国到北美洲需要燃烧大量燃料，但它也可以运载数百万条牛仔裤，这就意味着燃料的成本由数百万条牛仔裤来分担。

抓住你的帽子！

你头上的东西透露了很多关于你的信息。棒球帽是否泄露了你最喜欢的球队、最爱的电影或乐队？

棒球帽到处都有，但一顶帽子的价格明细是怎样的？我们假设你有一顶很不错的限量款棒球帽，价格大约 30 美元。

棒球帽的价格	30.00美元
减去如下成本：	
• 布料、纸板、线	2.00美元
• 人工	0.40美元
• 设备、仓储、汽油	8.00美元
• 设计师费用	2.00美元
• 商标权	5.00美元
• 归属于制造商的利润	1.40美元
• 商店的成本（工资、租金等）	10.00美元
剩余	1.20美元

你是否注意到帽子或上学穿的牛仔裤的价格在收银员将价格记入收款机时提高了？为什么？答案是税（译者注：在西方国家，商品标签上的价格未包含消费税）。

比如，那顶 30 美元的棒球帽中有 10% 的消费税，意味着你要额外付 3 美元的税款。

那么税款到哪里去了？政府会用它做什么呢？提示：你行走在它上面，开车行驶在它上面，抬头可以看到它，每次冲水时也用到它。

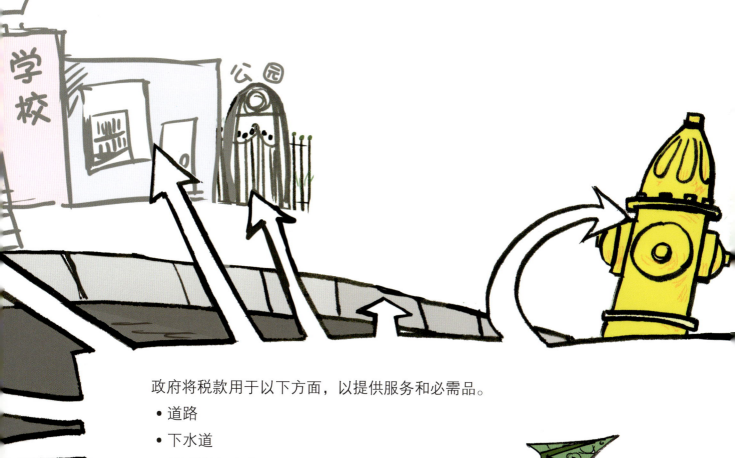

政府将税款用于以下方面，以提供服务和必需品。

- 道路
- 下水道
- 社区服务中心
- 图书馆
- 公安
- 消防
- 学校
- 医院
- 为年长的市民提供服务
- 为贫困或失业人员提供帮助

洞悉购买行为

　　打扮远不止穿一条普通牛仔裤和戴一顶帽子那么简单，还需要其他装饰物，比如腰带、项链、戒指、耳饰。它们种类多样，价格也不同。以耳饰为例，你可能会佩戴它来展示自己。你可能会买便宜一些的款式，但偶然经过奢侈品店的橱窗，你也许会好奇（也许是震惊）地看一看！

　　我们如何对比耳饰的价格？

便宜的耳饰的价格	8.00美元
减去如下成本：	
• 仿制宝石	0.50美元
• 金属	0.50美元
• 制造成本（工资、设备）	2.00美元
• 归属于制造商的利润	0.75美元
• 商店的成本（工资、租金等）	3.25美元
剩余	1.00美元

你可能在电视上看到这样的广告：一个人大喊着以现金回收黄金，或是类似的交易。有时候，人们会卖掉或熔掉自己的珠宝首饰，用其中金或银的价值来换取钱财。这样做的最佳时机是这些贵重金属的价格大幅上涨的时候。世界上只有有限的金和银，所以它们总是处于被需求的状态。这就意味着即便金和银的价格随着时间起起伏伏，但它们总是有价值的。因此，金和银被视作安全的投资。

钻石耳饰的价格	1000.00美元
减去如下成本：	
• 钻石	500.00美元
• 黄金	100.00美元
• 制造成本（工资、设备）	200.00美元
• 防护成本（保险箱、警卫、摄像头）	50.00美元
• 商店的成本（工资、租金等）	100.00美元
剩余	50.00美元

卖家和买家通过所谓的"4Cs"为钻石评级，即克拉（Carat）、切割（Cut）、成色（Color）和纯净度（Clarity）。克拉是钻石的质量单位。钻石越大、越闪耀，其价格越高。钻石矿商获得并加工一颗钻石平均需要450美元，再以500美元的价格出售，意味着其利润是50美元。

降价销售

（*打折）

SALE

你是否花 20 美元买过一件商品，但一周过后发现同一家店里的这件商品的售价变成了 15 美元？你是否觉得生气，认为自己被敲竹杠了？

也许是，但也可能不是。市场上经常会有因不同原因发生的促销。卖家有时候会标注减价标识以出清旧存货，给新商品腾地方。下面是降价销售，也就是打折发生的过程。

把衬衫卖出去！一家商店以 10 美元的价格购买衬衫并承诺之后付款给供应商。假设商店有 90 天的时间去销售衬衫，再向供应商付款，而商店计划的衬衫售价为 15 美元。

商店以 15 美元的价格销售衬衫但没人购买。现在怎么办？就像你猜的那样：将衬衫降价促销。商店把衬衫价格降到 12 美元，希望每件能盈利 2 美元。假设这样做还是没人买。

商店有时候会故意把某件商品的价格定得很低。这种商品被称为"招揽顾客的廉价品"。

比如，街角商店卖的牛奶比一个街区以外的大超市卖得便宜一些。街角商店可能是有目的地在牛奶这种几乎人人都会买的商品上承担损失，以此吸引顾客光顾。顾客在光顾后可能会购买标价更高的其他商品。

又过了一个月，商店把价格降到 10 美元。如果能卖出去，商店至少能付钱给供应商。假设还是没人买。

现在商店做出决定，将衬衫以 8 美元出售。是的，这一价格比进价还低。商店为什么这样做呢？因为这一策略可以带来 8 美元的收入。商店可以用这 8 美元购买其他商品，然后标价 12 美元出售。如果新商品能以 12 美元出售，那么商店就有足够的钱为之前进价 10 美元的衬衫付款。

（* 打折）

鞋

　　鞋不仅对脚有好处，它还能告诉我们关于经济网的事情。是的，有很多东西与你的鞋有关，不只是你那双有味道的旧袜子！

　　假如你花了 65 美元买了一双不错的皮质跑步鞋。我们把制造鞋子的公司称为"鞋盗公司"。以下是整个供应链的运作流程。

1. 农民养牛以获得牛奶或肉。当牛被屠宰后，牛皮可以卖给制革厂，价格大约是每张 1 美元。制革厂是从原材料到成品鞋这一供应链中的一环。

2. 制革厂用化学试剂和机器把牛皮变成皮革，再卖给鞋盗公司，售价大约是每张皮革（每双鞋）2 美元。制革厂赚 1 美元，但还要支付化学试剂的费用和工人的工资。

3. 鞋需要用到的其他原材料——布料、橡胶、金属、泡沫材料、塑料——从其他渠道获得。这些原料又给每双鞋增加了 8 美元的成本。现在每双鞋的原材料成本是 10 美元。

4. 鞋盗公司在它的工厂制鞋。工厂为每位工人制一双鞋付 3 美元劳动报酬，工人的劳动包括切割、缝纫和塑型。

7. 零售商再次把价格翻倍，并加一点儿富余……现在每双鞋售价 65 美元。零售商为每双鞋加价 33 美元，但也必须用这笔钱负担成本。

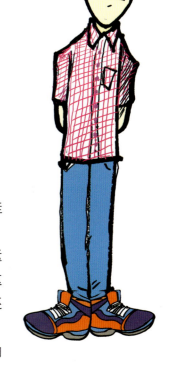

6.

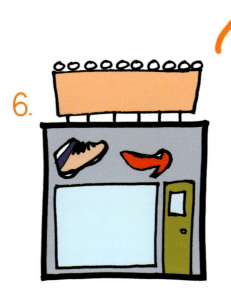

鞋盗公司以每双 32 美元的价格把鞋卖给零售商——鞋店或百货商场。鞋盗公司把价格翻倍，在生产和运输鞋的成本上又加价 16 美元。但这 16 美元不是纯粹的利润，这笔钱还要负担鞋盗公司试制新鞋的成本、广告费及确保工厂安全和现代化的成本（还有很多其他成本要考虑）。

5.

鞋盗公司运营工厂的成本（机器、建筑、照明、保险等）平摊在几千双鞋上。假设每双鞋承担的运营成本是 2 美元，鞋盗公司还要再加 1 美元作为运输成本。

现在，每双鞋的原材料、人工、工厂运营和运输成本合计是 16 美元。

鞋的价格	65.00美元
减去如下成本：	
• 皮革	2.00美元
• 布料、橡胶和其他原材料	8.00美元
• 人工	3.00美元
• 工厂成本	2.00美元
• 研发/产品改进	2.00美元
• 其他制造成本	9.00美元
• 运输成本	1.00美元
• 归属于制造商的利润	5.00美元
剩余（用于零售商的成本和利润）	33.00美元

汽油：隐藏在每一件你买的商品里的故事

你以什么方式去上学、逛街或看电影？不管你去哪里，总是要有一段路程。这通常意味着乘坐汽车，而汽车的行驶则意味着烧汽油。从很多方面看，汽油都是整个经济体的关键。下面，我们通过钱的流转来了解它吧。

当人们谈论汽油的时候，你总能听到"化石燃料"这个词。这是因为我们燃烧来获取能量的汽油是用石油制造的，而石油来源于恐龙之类的古生物的化石（以及其他东西，比如古老的植物）。这些东西经过几百万年的时间变成石油。

当然，这些石油都存储在地下，正如人们提到石油生意时说的那样，需要花费很高的成本提取或提炼。

石油公司为了了解如何开采石油，往往耗资几十亿美元。近海的石油平台（巨大的漂浮平台，配有用于开采海底原油的大钻头）建在海中或大陆的偏远位置。其他地方的石油存储于地层中，但和大量泥土、沙子、石头混在一起，把原油分离出来并清洁的成本很高。

这仅仅是开始。原油（从地层或海洋中提取）需要通过大量复杂的工业程序进行精炼才足够纯净，并适用于交通工具。

运营石油平台的每日成本如下：

陆地部分8000美元，深海部分60万美元（包含平台本身在铺设钻井上耗费的成本）

每日提取石油的价值	40万～400万美元
每日毛利	39.2万～340万美元

但是，这样的利润空间是基于没有任何问题发生的情况。有些石油公司花费几百万美元在美国阿拉斯加州北部搭建石油平台，结果却发现那里并没有石油（他们总认为某些地方有石油，但打钻是确定是否有石油的唯一方法）。这对石油公司而言是巨大的损失。

石油泄漏也会导致石油公司需要花费几百万甚至几亿美元去清洁。这也是石油公司可能要承担的一项巨大的成本，尽管他们会非常努力地避免这种情况发生。石油泄漏还会对环境产生长期的、毁灭性的影响，因此安全和谨慎是石油提取和提炼过程中需要极其重视的。

我们依靠大量且便宜的能源来确保物价低廉和经济运转，这些廉价的能源使得食物能从地球的另一端来到你的餐桌上。巨型的货运船可以运输如 MP3 播放器或鞋一类的很多东西。汽车中的汽油也来自世界各地。但是钱到哪儿去了呢？我们一起来看一看。

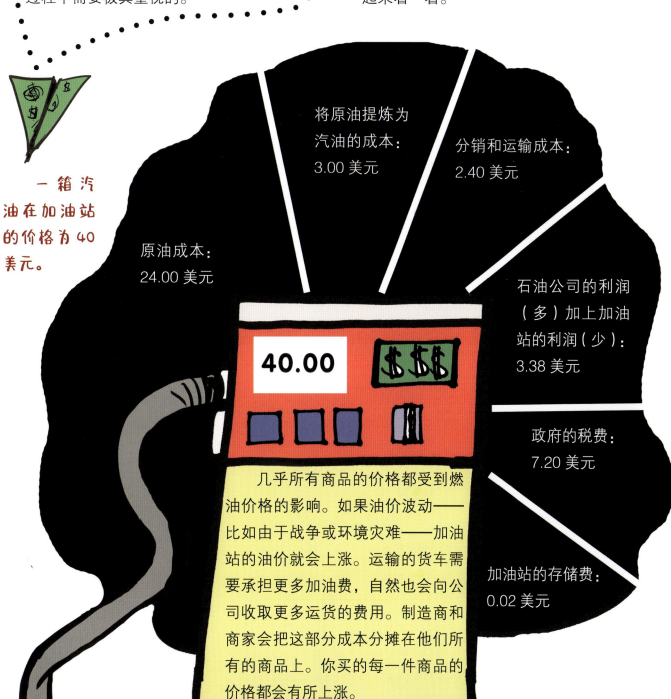

一箱汽油在加油站的价格为 40 美元。

将原油提炼为汽油的成本：3.00 美元

分销和运输成本：2.40 美元

原油成本：24.00 美元

40.00

石油公司的利润（多）加上加油站的利润（少）：3.38 美元

政府的税费：7.20 美元

加油站的存储费：0.02 美元

几乎所有商品的价格都受到燃油价格的影响。如果油价波动——比如由于战争或环境灾难——加油站的油价就会上涨。运输的货车需要承担更多加油费，自然也会向公司收取更多运货的费用。制造商和商家会把这部分成本分摊在他们所有的商品上。你买的每一件商品的价格都会有所上涨。

出　行

出行是日常要做的事情。什么出行方式最好呢？这个问题比较复杂，我们要考虑可行性和哪种方式更便宜、更快、更安全、更方便。

步行可能是最便宜的——它是免费的（如果忽略鞋、袜子、衣服和你用于补充能量的食物的成本……没有什么是真正免费的）。但是，我们还有汽车、自行车、公共汽车和出租车等可供选择。

驾车通常是最便捷的出行方式，这就是为什么世界上会有那么多汽车。但是开车或买车并不便宜。

 **开车去逛一次街的成本如下：**
假设去商场需要30分钟车程，需要花费：
汽油　　3.00美元
停车费　5.00美元（如果去购物中心，可能不用付停车费）

这30分钟的车程中有很多隐藏成本。你的父母每年需要交几千美元的车险费用，并且总要付维修费、车辆登记费、买新轮胎的费用等。

当然，首先你的父母要支付这辆车本身的价格。一辆售价25000美元的车，假设可以行驶322000千米，大约相当于每千米分担购车成本0.08美元。

再说说你的自行车。假设自行车本身需要250美元，相当于每骑车出行一次只需要几美分，这相当便宜。

自行车虽然不用汽油，但仍有其他成本需要我们考虑。你可能需要一条新轮胎，这需要花费20美元；你还需要为车的链条买些润滑油，这样每次骑车出行的成本又多了几美分。但总的来说，骑车和步行都很便宜。

如果没有人能开车载你一程，并且走路也很远（或者看起来像要下雨），你还可以选择乘公共汽车。

车票（单程地铁线路）的价格	3.00美元
减去如下成本：	
• 司机的工资	1.25美元
• 购车款，按旅程分摊	1.25美元
• 燃料	0.16美元
• 其他成本	0.34美元
剩余	0.00美元

　　此处的其他成本是指保险、维修、服务及除燃料以外的补给（比如需要清洁剂洗车）。事实上，你只需要看看票价就知道公共交通公司几乎是没有利润的，甚至在亏本。政府通常通过税收弥补一部分公共交通的成本，因为公共交通被视为一项公共福利，而非仅针对乘车人的福利。政府通常会致力于大型投资，比如开设新的公共汽车线路、购车，或是修建有轨电车、铁路和地铁。

　　那么，一趟20美元的出租车车程呢？钱都花到哪儿去了？

　　出租车司机通常会获得20美元，但司机承担的成本也很高。

　　这20美元的出租车车费需要支付汽油的费用（每天的汽油费可能需要50美元），以及买车费、车的维修和保养费、出租车的牌照费（比如在有些城市，每年可能需要10万美元）、收发器、调度中心费用、电话费等。所有这些成本意味着出租车司机每天需要跑二三十单才有足够的钱来负担。

小憩时光

　　不知道你会怎样度过小憩时光，但是我们已经打算在咖啡厅里放松一下了。前面这些内容可能会让你觉得眼花缭乱，是时候喝杯热巧克力啦！

　　我们从一个典型的咖啡厅链条说起。我们就叫它巴斯达克斯（Barstucks）吧。你闲逛着来到点餐台，花费4美元点了一杯热巧克力，又加了一根看起来精致又好吃的巧克力棒——它们总是被摆在收银台旁。这又花了2美元。

　　你也许好奇钱流向哪儿了，有多少钱不是用于支付这杯热巧克力的。

一杯热巧克力的价格　4.00美元

减去如下成本：

• 纸杯	0.08美元
• 杯套	0.05美元
• 杯盖	0.07美元
• 牛奶	0.10美元
• 巧克力粉	0.35美元
• 服务员的工资	0.40美元
剩余	2.95美元

　　与这杯热巧克力有关的所有成本再加上人工成本，基本构成商家价格的1/4。巴斯达克斯会用剩余的钱做什么呢？它还需要支付房屋租金、水电费、清洁费和保险费等。每杯热巧克力的成本中，也包含寻找新技术和新产品，即研发部分的成本。

精致的巧克力棒的价格　　2.00美元

减去如下成本：

• 巧克力（公平贸易）	0.20美元
• 糖、可可黄油、其他配料	0.02美元
• 巧克力棒的制作和工厂的人工	1.00美元
• 包装	0.02美元
• 运输、存储	0.10美元
• 商家成本（租金、工资等）	0.46美元
剩余	0.20美元

食物、饮品改变了全球的历史，咖啡和茶与其他食物相比，发挥的作用更大。

对茶叶的需求使得英国和荷兰组建了整编的舰队，他们要竞争通往印度、中国和西印度群岛的航线控制权。这两个国家都购买了大批货物，同时也面临着沉船、海盗袭击和死亡的风险。为了确保供给，欧洲国家把奴隶和合同工派到岛上工作。

合同工需要工作一定的年限才能换取食物、衣服、交通工具和住所，但是没有现金收入。达到固定工作年限后，他们就可以自由离开了。

一杯茶里有很多故事。

拿着精致的巧克力棒，你会说什么呢？全家人都全年无休却只能赚一两千美元的人们可能会说"还不错"，毕竟巧克力是市场上最具争议的商品之一。多数可可豆生长在不太发达的国家，那里的工作环境非常艰苦，工资水平却很低，然而巧克力的售价可能很高。

曾经有一场运动是为了促使巧克力公司从农场或种植园购买可可豆，那里的工资和工作条件对于工人来说是公平的。这场运动被称为"公平贸易"。公平贸易意味着公司要付更多钱来购买可可豆，这部分成本被转嫁到消费者身上。

注意，有些高价的巧克力棒被担保为由公平贸易所得，但另外一些巧克力棒价格高是因为原料或包装成本更高，或是有更大的利润空间，而并不一定是由于公平贸易。

你购买哪种巧克力棒的决定，不仅关系到要支付的价格，也关系到其他国家的人们的生活方式。

音乐钞票

嘿！嘿！你！是的。我正在和你说话！哦，抱歉。我猜你没听到我说话，我没看到你戴着耳机。

现在似乎所有人都过着"通电"的生活。科技围绕在我们身边，并且已经完全改变了音乐的制作、销售和欣赏的方式。

MP3 播放器由 450 多个部分组成，这些部分加起来构成了一个相当昂贵的音乐图书馆（译者注：现在人们很少使用 MP3 播放器，智能手机就可以播放音乐）。

MP3播放器的价格　　　　　　**199.00美元**

减去如下成本：

- 硬件　　　　　　　　　　55.00美元
- 播放组件　　　　　　　　20.00美元
- 视频/多媒体芯片　　　　　8.00美元
- 控制芯片　　　　　　　　4.00美元
- 各种其他零部件　　　　　20.00美元
- 人工成本　　　　　　　　4.00美元
- 运输　　　　　　　　　　1.00美元
- 归属于制造商的利润　　　40.00美元
- 商店店铺的租金、水电费等　20.00美元
- 商店工人的工资和广告费　10.00美元
- 其他成本　　　　　　　　9.00美元

商店的利润　　　　　　　　8.00美元

在过去的几十年里，我们听音乐的方式发生了戏剧性的变化。现在几乎所有音乐都以电子文件的形式下载，这就使得消费者负担的价格便宜了。一张压缩唱片（CD）大约需要 20 美元，但你可以下载CD 中的歌曲，这只需 12 美元。如果你只想要其中一首歌，那就只需要大约 1 美元。

单曲（下载）的价格　　　**1.00美元**

- 艺术家获得　　　　　0.10美元
- 唱片公司获得　　　　0.30美元
- 线上经销商获得　　　0.60美元

也许你认为制作数字唱片比实体唱片的成本少太多了，但有时并不一定如此。大部分成本是音乐公司先期负担的，这些成本用来制作音乐本身。20世纪时，大多数音乐是由大型音乐公司制作的，但现在很多音乐人和乐队选择自己录制唱片，或者与小型独立音乐工作室合作。

右侧所示的明细是音乐公司在制作CD前，录制唱片所需支付的成本。比如，录音棚并不便宜，但这笔巨额账单会被慢慢摊销。

再加上一些一次性的杂费，其费用大约为2000美元。这笔费用不会因销量增加而增长。

所以，音乐公司制作一系列歌曲需要近50000美元。

法律费	1500.00美元
制作费	4200.00美元
操作、录音	12500.00美元
电脑、线和其他设备	5000.00美元
钢琴调音	750.00美元
支付给录音时伴奏的音乐人的费用	9300.00美元
混音、其他录音棚的成本	3200.00美元
控制（美化音乐）	1100.00美元
CD封面插图	900.00美元
发行方费用	2000.00美元
其他广告费	8000.00美元

CD（10000张中的1张）的价格	20.00美元
减去如下成本：	
• 材料费	1.50美元
• 制作费	6.00美元
• 付给创作者的版税	2.00美元
• 运输/存储	0.50美元
• 归属于录音公司的利润	5.00美元
剩余（含商店的成本、工资和利润）	5.00美元

如果CD大卖，录音公司和商店都会因为销量更高而获得更多利润。

数字唱片的价格	12.00美元
减去如下成本：	
• 制作费	6.00美元
• 付给创作者的版税	1.00美元
归属于录音公司的利润	1.00美元
归属于线上销售公司的利润	4.00美元

音乐领域数字革命的一个结果是非法下载的增长。出于某些原因，有些人认为分享文件和偷盗实体唱片不是一回事。

但唱片公司和艺术家不这样认为。如果有1000人下载专辑却不付费，那么创作者会因每一次非法下载而损失1美元，或者说创作者损失了理应得到的1000美元。

计算现金

　　现在我们来聊一聊一种高价、高科技的东西——电脑。假设你的家人正在商场里挑选新电脑。

　　我们假定一台笔记本电脑的价格为 600 美元。笔记本电脑里有很多部件——从电池到排风扇的电容器回路——这些东西大多是在不同公司生产的。哪些人会分别获得什么呢？

电脑的价格	**600.00美元**
减去如下成本：	
• 主要部件	240.00美元
• 人工	20.00美元
• 制造设备	100.00美元
• 研发	100.00美元
• 归属于制造商的利润	40.00美元
• 商店的成本	70.00美元
商店的利润	30.00美元

电脑的6个主要部件的价格如下：

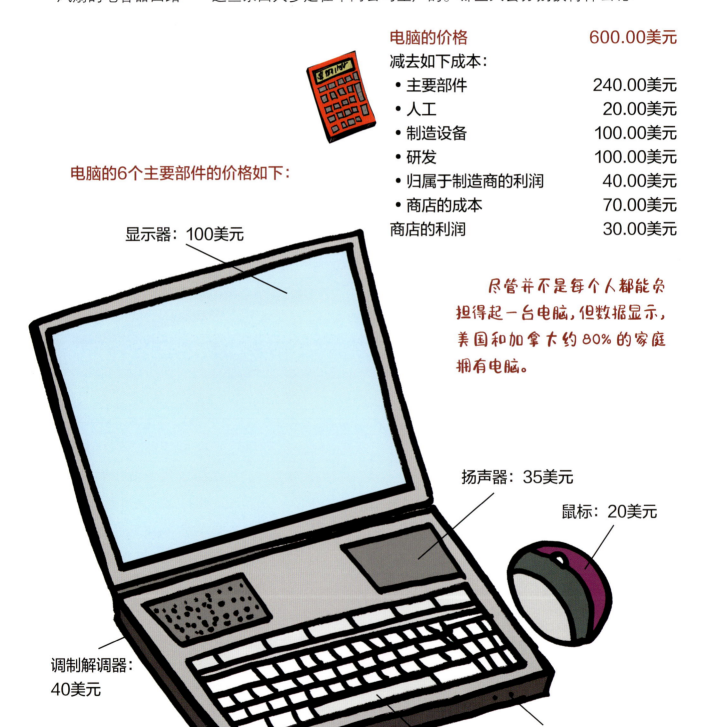

显示器：100美元

扬声器：35美元

鼠标：20美元

调制解调器：40美元

键盘：20美元

运行电脑的处理器：25美元

尽管并不是每个人都能负担得起一台电脑，但数据显示，美国和加拿大约80%的家庭拥有电脑。

当你因为想买台电脑而四处选购时，商店的销售人员也许会送给你一台打印机。这并不是因为打印机无须成本（其成本大约是 100 美元，售价也大概如此，这被称为按成本价销售），而是因为商家之后会以更高的价格出售墨盒，以确保你能用被赠送的这台打印机进行打印。

墨盒的价格	35.00美元
减去如下成本：	
• 墨	10.00美元
• 塑料	0.02美元
• 商店成本	0.10美元
• 制造商的加价	20.00美元
商店的利润	4.88美元

那 20 美元的加价基本上是归属于打印机墨盒制造商的纯利润。因此，在 35 美元的售价中，只有 10 美元是墨的成本，但那也不是墨汁本身的成本。一些墨盒制造商声称花了数百万美元用于研发，并且还要负担超出加价的成本，因而将这些成本也计入墨盒的总成本中。

即便如此，一个墨盒里的墨还是少得可怜。从质量来看，墨比同等质量的黄金还贵。

打印纸也有有趣的故事。和钱不同的是，我们可以说纸是长在树上的。这是因为放入打印机的纸张从树叶变成纸张需要经历很长的旅程。一包 500 张 A4 打印纸通常需要 8 美元。

一包打印纸的价格	8.00美元
减去如下成本：	
• 纸浆	3.00美元
• 制造成本	1.00美元
• 运输	0.10美元
• 存储等	1.00美元
• 归属于制造商的利润	0.50美元
• 商店的租金、工资	2.00美元
• 商店的广告等	0.20美元
商店的利润	0.20美元

卫生间里放置了很多纸。你知道买一大包厕纸（大概16卷）要花多少钱吗？它的价格和一包打印纸差不多。

吃东西咯！

午餐时间非常珍贵。你也许正在前往购物中心的路上，想逛街或看电影。每个购物中心都有美食专区，但并不是所有食物都是一样的。

选择似乎是无尽的，也正如钱与你口中的食物的连接方式。

我们先从汉堡开始说起。

快餐汉堡的价格	4.50美元
减去如下成本：	
• 肉	0.20美元
• 面包	0.32美元
• 调味品	0.10美元
• 工资、租金、取暖等	2.50美元
剩余	1.38美元

实际上，汉堡的原料（肉＋面包＋调味品）成本是 0.62 美元，但还需要有人制作和为顾客服务。除了这些成本外，汉堡还有其他成本，比如广告成本，食材变质或者过期造成的浪费所产生的成本也需要考虑在内。

快餐店工作岗位的工资基本都是最低工资。最低工资是由政府规定的，它是任何一份工作的法定最低报酬，实际金额取决于你的所在地。

炒菜的成本明细是类似的。

炒菜的价格   **4.00美元**

减去如下成本：

- 蔬菜   0.50美元
- 米饭   0.10美元
- 油   0.00001（近似为0）美元
- 盘子和餐具   0.10美元
- 工资、租金、取暖等   2.50美元

剩余   0.80美元

制作炒菜的原料（蔬菜 + 米饭 + 油）成本大约是 0.6 美元，比汉堡略低一些。

你也许不喜欢汉堡也不喜欢炒菜。那么沙拉如何？沙拉的价格比汉堡便宜一点儿，我们仔细看看沙拉这一选项。

沙拉的价格   **3.50美元**

减去如下成本：

- 生菜   0.10美元
- 其他蔬菜   0.20美元
- 调料   0.03美元
- 包装   0.20美元
- 工资、租金、取暖等   2.50美元

剩余   0.47美元

沙拉的原料（生菜 + 其他蔬菜 + 调料）成本是 0.33 美元。

电影狂人！

看电影是种很棒的休闲方式。有好几个小时的娱乐时间的同时，你还可以吃着爆米花、喝着苏打水，或是选择其他任何你喜欢的零食、饮料。

你走到售票柜台并询问《蜘蛛小子5》的票价，得到的回答是 10 美元。为什么这么贵？电影可真不便宜呀……

一部大片的总成本	2亿美元
• 排名前3位的主演	2300万美元
• 其他演员	300万美元
• 导演	1000万美元
• 制片人	1500万美元
• 电影拍摄	4500万美元
• 特效（人工、电脑、材料等）	6500万美元
• 编剧（剧情创意、写剧本）	1000万美元
• 漫画公司的版权费	2000万美元
• 音乐（作曲和音乐家）	500万美元
• 其他（布景设计、剪辑等）	400万美元
电影票的价格	**10.00美元**
减去如下成本：	
• 制作成本	2.15美元
• 广告成本	1.90美元
• 发行成本	0.90美元
• 制片方的利润	1.00美元
• 影院的工资	1.00美元
• 影院的其他成本（租金等）	3.00美元
影院的利润	0.05美元

那么爆米花呢？爆米花的售价可能是5美元，其中成本（玉米粒＋油＋包装）可能是0.27美元。这对电影院来说是个非常棒的盈利点。你可以在家制作同款爆米花，只需0.6美元。

嗯。也许你更愿意待在家里，看一部在线电影。

现在有很多人订阅数字影院。你需要按月缴费，比如每月8美元。这样一来，你就可以在家用电脑或电视上想看多少电影就看多少电影了。

流媒体的成本

• 网络流量	0.05美元
• 授权费用	0.50美元
• 硬件	0.10美元
• 工资等	0.05美元
总成本	0.70美元

所以，如果你只看1部电影，那么公司可以获利7.3美元。但如果你看10部电影，他们就无利可图了。

实际上，如果你看了很多电影，公司可能会赔钱。

如果你在线看了很多电影，最终你家可能会有损失。因为当地的网络服务计划规定了每月可以下载的数据量。如果超过了限额，就要准备交罚款了！

游戏的价值

如果你不想看电影，而是想玩一局有趣的电子游戏，那么你可以点击游戏手柄，载入游戏。

游戏的成本	50.00美元

减去如下成本：

- 研发、设计费用　　　　　　　10.00美元
- 工资、广告　　　　　　　　　10.00美元
- 材料（盒子、电脑芯片等）　13.50美元
- 归属于制造商的利润　　　　　0.50美元
- 商店的成本（工资等）　　　12.00美元

商店的利润　　　　　　　　　　4.00美元

游戏卖得很贵，但你想过游戏手柄的成本吗？手柄的制作和研发需要耗费大量成本。开发者以低于成本的价格把手柄销售给商店。换句话说，他们故意在这方面亏损，但却希望能卖给你很多与手柄兼容的游戏，以此把钱赚回去。假设手柄开发者所销售的手柄的制作成本为363美元，然后开发者以320美元的价格将手柄销售给游戏商店，这样一来，开发者就有43美元的损失。

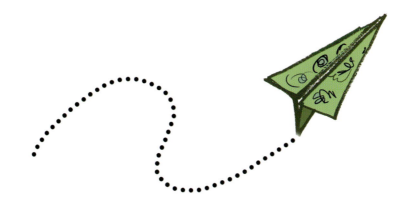

手柄的价格	399.00美元
减去如下成本：	
• 处理器	106.00美元
• 其他配件（图像芯片等）	100.00美元
• 制造成本（含人工）	40.00美元
• 研发和市场营销	65.00美元
• 硬盘	52.00美元
• 开发者的损失	−43.00美元
• 商店的成本	50.00美元
商店的利润	29.00美元

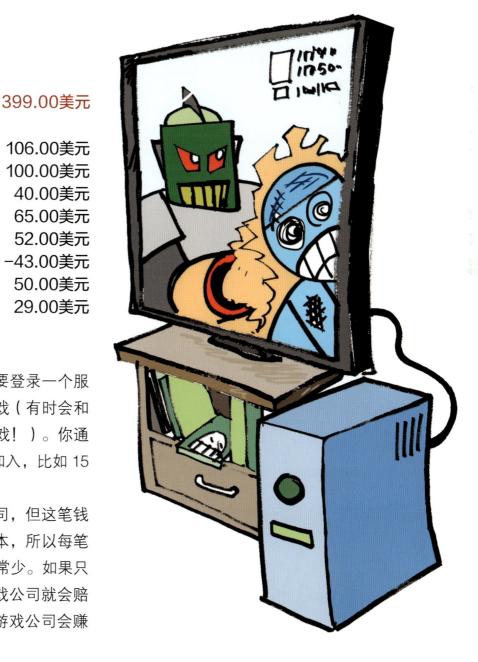

　　联机游戏稍有不同。你需要登录一个服务器，和其他人一起组队打游戏（有时会和全世界最棒的陌生人合作打游戏！）。你通常需要支付一笔固定费用才能加入，比如 15 美元。

　　具体的价格取决于游戏公司，但这笔钱基本上用于负担游戏公司的成本，所以每笔 15 美元的收入中所含的利润非常少。如果只有很少的人加入游戏，那么游戏公司就会赔钱；如果有上百万人玩，那么游戏公司会赚到钱。

去外面玩吧！

你也许喜欢玩其他游戏（或者是父母的要求），比如喜欢去户外，喜欢运动。那么户外运动或骑车的成本分别是多少呢？钱会流向哪里呢？我们来看看。

假设你喜欢棒球。棒球手套的价格通常在 20~200 美元，并且手套的制作和前面提到的鞋的制作差不多。

那么棒球呢？

专业级棒球的价格	15.00美元
减去如下成本：	
• 皮革、橡胶、线	4.00美元
• 人工	1.00美元
• 工厂成本	1.00美元
• 归属于制造商的利润	6.00美元
• 商店的成本	1.00美元
商店的利润	2.00美元

一个专业级棒球需要进行大量的手工缝制，而美国职业棒球大联盟每月会预订上百万个棒球！

也许你不喜欢团队体育项目，但是仍然热爱运动，比如骑车。一辆自行车需要花多少钱呢？

自行车的价格	250.00美元
减去如下成本：	
• 自行车的车架	25.00美元
• 轮胎	20.00美元
• 链条	40.00美元
• 自行车公司的利润	52.00美元
• 工资（非体力劳动者）	18.00美元
• 租金	25.00美元
• 广告	3.00美元
• 运输	5.00美元
• 损坏的部件	8.00美元
• 商店的成本	31.00美元
• 营业执照和税费	4.00美元
• 工资（体力劳动者）	4.00美元
剩余	15.00美元

有时候，人们是根据自己的经济承受能力来选择某一项运动的。我们来比较两项非常流行的运动，其中一项基本不需要装备，另一项需要很多装备。

冰球运动相关的费用如下：

装备：

- 冰鞋   200.00美元
- 腿部护具   80.00美元
- 裤子   100.00美元
- 肘部护具   50.00美元
- 肩部护具   150.00美元
- 头盔和面罩   150.00美元
- 手套   100.00美元
- 球棍   100.00美元
- 带子、袜子、衣服 50.00美元

装备合计   980.00美元

参与联盟的费用：

- 初学者   500.00美元
- 精英级   5000.00美元

费用合计   初学者 1480.00美元

               精英级 5980.00美元

多数初级冰球社团有志愿者教练，所以大部分成本用在了每周一次的冰上时间。当你进入精英级社团，有时会有付费的教练，同时每周都会有大量的比赛和练习。这些加起来都是要负担的成本。

足球运动相关的费用如下：

装备：

- 腿部护具   10.00美元
- 夹板   40.00美元
- 运动短裤   15.00美元

装备合计   65.00美元

足球社团费用：

- 初学者   200.00美元
- 精英级   500.00美元

费用合计   初学者 265.00美元

            精英级 565.00美元

Ka-ching! 手机及配件

你的屁股兜儿正在嗡嗡响。是的，你的手机响了！手机已成为我们每天（甚至每分钟）生活的一部分。这通电话是你的父母打来叫你回家吃饭了。

对父母来说，手机是令人惊艳的孩子追踪器，它也是全球经济的奇迹。手机包含了来自世界各地的零件。

手机壳、芯片、显示器来自不同的地方（详见图中所示）。这就意味着钱要在这些地区、制造商和手机公司中分配。

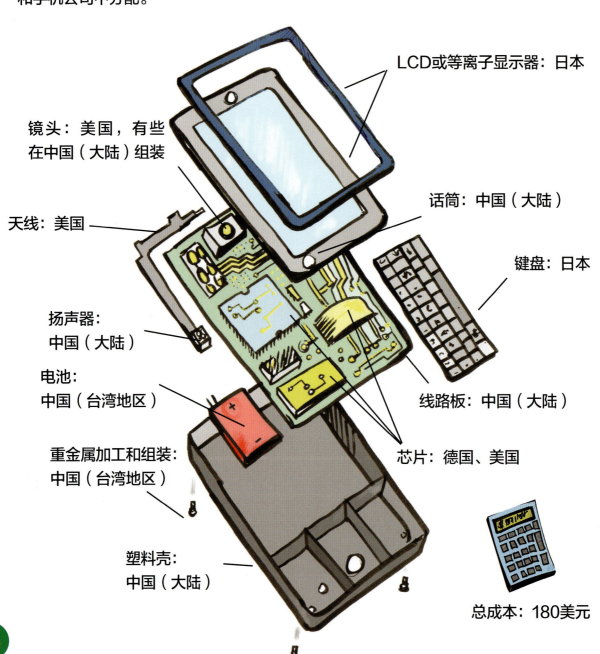

LCD或等离子显示器：日本

镜头：美国，有些在中国（大陆）组装

话筒：中国（大陆）

键盘：日本

天线：美国

扬声器：中国（大陆）

线路板：中国（大陆）

电池：中国（台湾地区）

芯片：德国、美国

重金属加工和组装：中国（台湾地区）

塑料壳：中国（大陆）

总成本：180美元

手机/智能手机的价格　　　　　　　　　　　　200.00～500.00美元
利润　　　　　　　　　　　　　　　　　　　　　　10.00～110.00美元

　　为什么手机的价格和利润有较大幅度的差异呢？这取决于你买了哪款手机。如果你只买手机，价格就会贵一些，手机公司和手机制造商的利润就会高一些。但如果你在买手机的同时买了通信套餐，手机的价格就会便宜一些。虽然销售方通过卖手机赚的钱少，但他们可以通过你打的每一通电话、发的每一条短信来赚钱。

　　因为通信套餐才是你拥有手机后的真正成本，尽管你拥有很多不同的选择。

智能手机不含套餐的价格　　500.00美元
减去如下成本：

- 材料　　　　　　　　　　　250.00美元
- 人工　　　　　　　　　　　 50.00美元
- 研发　　　　　　　　　　　 12.50美元
- 其他成本　　　　　　　　　 37.50美元
- 税费　　　　　　　　　　　 40.00美元

剩余　　　　　　　　　　　　110.00美元

> 如果你的通话时间超过了套餐上限，那么手机公司会向你的父母（应该是父母为你支付账单，对吧？）按照每分钟0.5～1美元的标准收取费用。短信也是如此。罚款！唉！

　　如果你直接从手机制造商处购买，则只有制造商获得利润。如果你从手机公司处购买，那么利润就要在手机公司和制造商之间分配。

基础套餐的价格　　　　　　　　　　　　　　　50.00美元/月
加上如下费用：

- 一次性激活费用共30美元　　　　　　　　　　　2.50美元/月

附加以下选择：

- 不限量短信和500MB的下载流量　　　　　　　　15.00美元/月
- 不限量通话　　　　　　　　　　　　　　　　　30.00美元/月
- 漫游费（跨国通话）　　　　　　　　　　　5.00～15.00美元/月

总成本/月　　　　　　　　　　　　基础套餐52.50～112.50美元/月

成本增加得很快。确实是 Ka-ching（收款机的声音）！

比萨

这次说说晚餐，今晚吃比萨！你有 3 个选择：点比萨外卖，买速冻比萨，买原材料自己做比萨。

比萨送到了，其原料和人工通常占成本的一半。如果你点了一份 20 美元的比萨外卖，其中包含了 5 美元的原料和 5 美元的人工制作费用。

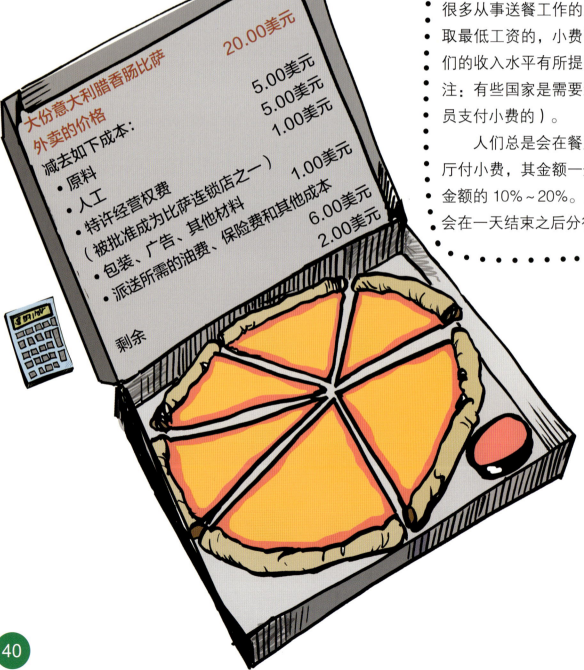

大份意大利腊香肠比萨
外卖的价格   20.00美元
减去如下成本：
- 原料   5.00美元
- 人工   5.00美元
- 特许经营费   1.00美元
  （被批准成为比萨连锁店之一）
- 包装、广告、其他材料   1.00美元
- 派送所需的油费、保险费和其他成本 6.00美元
                                 2.00美元

剩余

订单费用是 20 美元，但是送餐员会收到 25 美元，额外的 5 美元就是小费。小费是非强制性的，用于表达感谢。很多从事送餐工作的人都是赚取最低工资的，小费可以让他们的收入水平有所提高（译者注：有些国家是需要给服务人员支付小费的）。

人们总是会在餐厅和咖啡厅付小费，其金额一般是账单金额的 10%～20%。员工通常会在一天结束之后分得小费。

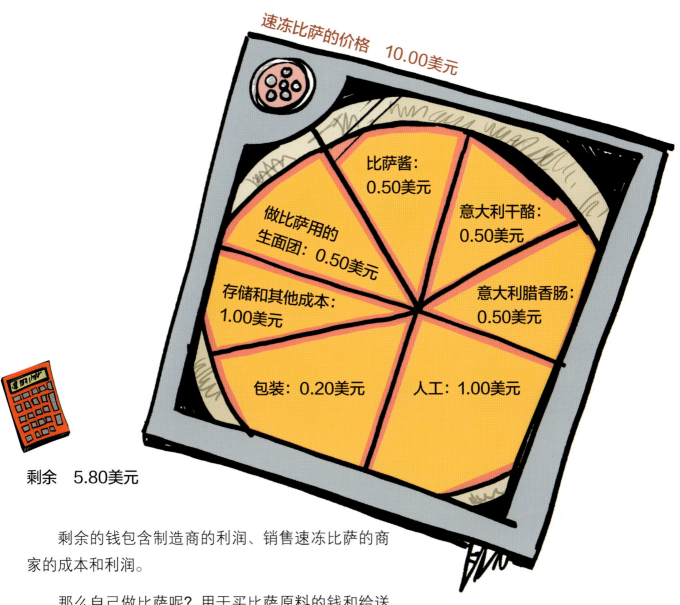

速冻比萨的价格　10.00美元

比萨酱：0.50美元

意大利干酪：0.50美元

做比萨用的生面团：0.50美元

存储和其他成本：1.00美元

意大利腊香肠：0.50美元

包装：0.20美元

人工：1.00美元

剩余　5.80美元

　　剩余的钱包含制造商的利润、销售速冻比萨的商家的成本和利润。

　　那么自己做比萨呢？用于买比萨原料的钱和给送餐员的小费差不多，大约5美元，所以差别主要在于时间，或许和包装也有一点儿关系。或许时间对你的父母来说意义不同。如果晚上他们很累了，他们也许更愿意多花一些钱请别人来做。但也许你喜欢多花一些时间准备自己喜欢的配料和捏面团，因为这样你可以吃到更健康的自制食物。

超 市

你的家人也许正想着比萨之外的食物，或者发现家里的冰箱空了——是时候去逛超市了，那儿有一排又一排的美食。

这些选择可能比比萨更健康并且确实很诱人。

牛奶的价格	3.00美元
减去如下成本：	
• 付给农场	1.50美元
• 加工	0.70美元
• 运输	0.30美元
• 存储/包装	0.20美元
剩余	0.30美元

绞碎的牛肉的价格   5.00美元

减去如下成本：

- 付给农场   1.50美元
- 加工   1.00美元
- 包装   0.20美元
- 运输   0.50美元
- 超市成本（存储、损耗等）   1.70美元

剩余   0.10美元

意大利面酱汁的价格   3.00美元

减去如下成本：

- 原料   0.50美元
- 加工   0.10美元
- 超市成本（工资等）   0.40美元
- 包装   0.10美元
- 运输   0.10美元

剩余   1.80美元

新鲜番茄的价格   2.00美元

减去如下成本：

- 支付给农场   0.50美元
- 运输   0.50美元

剩余   1.00美元

实际利润   ？？？

为什么是"？？？"而没有写明实际利润？这是因为超市必须用剩余的钱来负担其他成本（如工资、照明等），并且希望有余下的利润。另外，超市必须考虑变质食品带来的损失。举例来说，如果番茄在运输途中或在超市里腐烂了，那么钱就完全损失了。食品如果没有很快出售，也可能会在货架上腐烂，所以超市要随时准备好在这部分承受一些损失。

新鲜食材的保鲜和确保其食用安全也需要消耗大量成本。

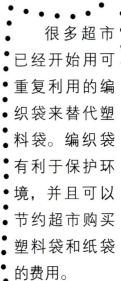

很多超市已经开始用可重复利用的编织袋来替代塑料袋。编织袋有利于保护环境，并且可以节约超市购买塑料袋和纸袋的费用。

保持温暖，保持舒适！

最后，我们回到了家，温馨的家。厨房里煮着的意大利面在咕嘟咕嘟地冒泡，你能看到这个是因为厨房的灯亮着。冰箱的门大敞着，你感到了丝丝凉意，所以你调高了暖气的温度……可窗户也是开着的。

你是否知道这样浪费了多少能源（能源等于金钱）？我们用大城市里常见的复式住房举例，看看我们为确保房屋安全都需要做什么，毕竟房屋安全才能住得温暖舒适！

每月用于确保房屋温暖舒适的费用如下：

- 电费　　　　　　100.00~200.00美元
- 暖气　　　　　　150.00美元
- 水　　　　　　　约50.00美元
- 电话/网络　　　　100.00美元
- 保险　　　　　　100.00美元
- 房产税　　　　　300.00美元

所以，确保一栋房屋温暖又舒适的基本费用每月不会少于 800 美元，这还没考虑到租房或买房的成本。

随着世界人口的增长，能源成本在增加，一些传统能源（煤、天然气、石油等）的供给在减少。很多人都致力于从太阳或海洋中寻找新能源，这一点儿也不稀奇。

拥有自己的家

我们不去看关于拥有自己的家所需支付的所有成本的差异，我们只简单看看某些项目和其中钱的去向。

买房：买房的钱是用于买一项财产（土地和建筑），然后房主开始支付一些常规费用（按月或按年支付），如取暖、照明、水、房产税等。

租房：其他人拥有这项财产（土地和建筑），租房者向其支付固定的金额（通常是按月支付），以获得把房子作为自己的家来使用的权利。

租或买公寓：多数人认为公寓只能租住，但一栋楼中分层集中的多个房间基本上是被购买的（这种可被购买的公寓被称为托管公寓），唯一的区别是每一位房主买一个单元，楼里的每户人家分摊一笔确定金额的费用（用于购买门厅、房顶、草坪、游泳池、汽车道、车库等）；这笔分摊的费用和公寓的费用一同支付。

首付款：人们买房时通常先付总金额的一部分作为一次性款项。

抵押：在支付一次性款项后，人们可能需要向银行申请贷款以支付剩余款项；房主之后会还房贷及利息，通常是按月支付，全部付清可能需要 25 年甚至 30 年！所以也难怪有些房主会"疯狂"到以烧毁抵押合同的方式庆祝还清贷款了。

利息（本例中）：从银行或其他放贷人处借款所需支付的费用。

生产成本（每千瓦时）如下：

太阳能：0.22美元

天然气：0.10美元

煤炭或核能：0.04美元

水力发电：0.03美元

毛茸茸的朋友

如果你梦想着有个宠物，在家里养一只猫或一条狗可能会让你觉得舒适。不管养什么动物都需要做大量工作，买宠物并照顾它的成本很高。比如买一条纯种的惠比特犬需要1000美元，一条动物收容所的普通狗需要200美元。当有人买了一条狗，他需要支付买狗的费用以及所有关于把这条幼犬从出生抚养到出售的那天所需要的费用。

猫便宜一些，但也不是免费的，除非是从朋友那里抱来的小猫。

即便在购买（从免费到几千美元）之后，照顾这个宠物也需要成本。基本的照料意味着买宠物食品，看医生，买猫砂、狗绳等。下面，我们来看看预计会产生的成本有哪些。

宠物食品的价格	每包20.00美元
减去如下成本：	
• 原料	12.50美元
• 生产成本	2.50美元
• 归属于生产商的利润	1.50美元
• 商店成本	2.50美元
剩余	1.00美元

常规性拜访宠物医生（也许是注射疫苗）的费用：

每年100.00美元

宠物保险（只有部分人购买）的费用：
每年200.00美元

养狗执照（这笔钱归属于地方政府，用于支付动物管理局和其他支出）：

每年15.00美元

幼猫猫砂的价格 每包10.00美元

减去如下成本：
- 生产和销售成本 9.00美元

剩余 1.00美元

可能还有很多预料之外的养宠物的成本。如果猫把你新买的皮革沙发的扶手抓坏了怎么办？如果斗牛犬巴尼在毛毯上留下"礼物"怎么办？如果有一天宠物走出家门再也不回来了怎么办？如果罗弗和浣熊打架并受伤了怎么办？

宠物丢失公告的成本如下：
复印"你看到过斯丁奇吗？"这一公告的成本：共印制100张，每张0.05美元，共计5.00美元。

修理或更换家具的成本如下：
- 打磨皮革 5.00美元
- 打补丁 200.00美元
- 换新沙发
   1000.00～2000.00美元

银 行

我们怎么能忘记银行呢？毕竟，银行在钱的流通上发挥了至关重要的作用。我们在花钱、存钱、取钱，或我们的家人在使用信用卡的时候，都需要和银行打交道。

比如你决定打碎小猪存钱罐，看看自己存了多少钱——有 100 美元，酷！你把这些钱拿到银行存起来。现在想象这些钱在银行存了 1 年。

这是接下来发生的事情。

当你使用不是自己银行卡所属银行的自动取款机（ATM）时，有时候会被收取 1.5 美元手续费。

你的银行卡所属的银行并不需要花费那么多成本来支付另一家银行"替"它发放现金的费用（从长远来看）。

ATM 的这项费用既是一笔罚金（因为你考虑把钱转到另外一家银行），也是使用一个和任何传统银行都无关的独立机器的费用。

利息：这是你使用其他人的钱所需支付的费用。如果你有银行账户，这件事情就与你有关，因为在你将钱存入银行期间，银行就会为使用你的钱而付费。

利息通常按比例支付。假设银行按每年 1% 的比例付给你利息。如果你的账户里存入 100 美元，存 1 年，那么 1 年后你会从银行得到 1 美元，因为你允许银行在此期间使用你的钱。银行会把你的钱借给有需要的人，可能是正准备买房的人，也可能是需要扩大企业规模的人。不论哪种情况，银行都会收回贷款并且收取利息。因为银行希望赚到比支付给你的利息更多的钱，所以当把你存入的钱用于放贷后，银行会向贷款人收取更高的利息（大约是 5%）。然而，银行也有一些成本要负担。

1.

你存入100美元，存1年

2.

银行放贷100美元，为期1年

3.

年底时你从银行取出101美元（100美元存款+1美元利息）

与此同时，银行可以从贷款人处收到 105 美元（100 美元贷款 + 5 美元利息）。

银行通过100美元贷款收到的利息	**5.00美元**
减去如下成本：	
• 付给你的利息	1.00美元
• 银行的工资	1.00美元
• 租金	0.45美元
• 保险费	0.20美元
• 银行的其他成本	1.88美元
• 税费	0.19美元
剩余	0.28美元

所以，在扣除各项成本后，你通过 100 美元得到的钱比银行多！

那么，为什么我们常说"富有得像银行家一样"呢？因为银行有上百万个像你一样的客户，并且很多客户的账户上远不止 100 美元。银行通过大体量的钱来赚取利息。想象每 100 美元会让银行得到 0.28 美元，并且银行的客户里有数万个"100 美元"的存款。

银行确实也面临一些风险。如果银行给一家面临破产的企业投资，则可能会损失你存的那 100 美元。但在你需要时，银行还是要付给你本金和利息，所以他们需要把那些 0.28 美元的利润保留好。

"塑料卡片"

目前越来越多的交易是通过银行卡完成的，包括信用卡和借记卡，也包括当面支付和在线支付。假设你想下载一些歌曲，或买1件非常棒的夹克衫。你没有任何现金，所以就会让爸爸或妈妈用信用卡支付。你听到的回复通常是："不，现在不行。"为什么不行呢？毕竟用信用卡支付很容易，就像没有真的付款一样，不是吗？请你再想想吧！信用卡最狡猾的地方在于支付时会产生利息、费用和罚金。我们来看看钱的去向。

信用卡

假设你选择了价值100美元的歌曲准备下载，并用信用卡支付。你的家人无须立即付款，相反，这笔钱会被记为欠款，并在下一期信用卡账单上出现。账单上会列清你所有的欠款并告知你还清全部欠款的最后期限。

如果你在最后还款日前还清这100美元，就不必支付利息。太棒了！（看起来如此，事实上，很多信用卡所属银行会收一笔费用，我们一会儿再讨论。）

如果你没有在最后还款日前还清100美元，那么信用卡所属银行会开始就未归还的金额计算利息，也许利率是15%。这就意味着如果年底还未还完，你（或你的家人）最终会欠得更多——至少115美元。

但等一下，你的欠款可能不止那么多。

首先，你还记得之前提到信用卡所属银行会收取的费用吧，这笔钱可能是每年5～120美元，它将作为你能便捷地使用信用卡的费用。

其次，还有罚金。如果你没能按时还款，罚金可能高达总欠款的29%，那么你现在就有另外的29美元要付。

一双鞋的价格（用ABC信用卡支付）

	100.00美元
• 商家为这笔交易支付的费用	4.00美元
• ABC信用卡的发卡行得到	3.00美元
• ABC信用卡所属银行得到	1.00美元

这就是为什么一些商家更希望你用现金付款。

为避免产生利息和其他费用，很多人直接结清款项。即使人人都总是立即结账，信用卡所属银行仍然可以挣到钱。怎么理解呢？在每一笔用信用卡支付的交易中，信用卡所属银行都可以从任何一个销售商品或提供服务的商家那里赚钱。这就意味着线上音乐销售商也要为刚才提到的 100 美元的音乐下载交易付费。价值 100 美元的鞋子也是一样的道理。

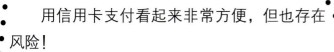

借记卡

有些人使用借记卡而非信用卡。借记卡基本是与个人银行账户相关联的。它允许存款人使用银行账户里的钱去支付在商场中（或线上）的交易。这听起来很方便。有些交易是免费的，银行只是把钱从你的账户中扣除。但有时银行也会从每笔借记卡的消费中收费，收费金额通常很少，约 0.25 美元。如果你频繁地刷卡，这项费用就会累计增加。

用信用卡支付看起来非常方便，但也存在风险！

有时候，人们使用信用卡购买商品的金额超过了他们能负担的金额，这往往意味着他们无法在最后期限还清欠款。一条非常棒的新牛仔裤打折出售，只要 100 美元！可如果你没能按时还款，除了 100 美元，还会产生更多的费用、利息和累积的罚金。

使用借记卡支付有时候也会产生花的钱超出账户余额的情况。如果发生了这种情况，银行会在此基础上收取高额的费用和利息。假如你忘记了自己账户里有多少钱，但是用借记卡买了太多的东西，导致最后一笔消费（如 1.5 美元的一杯咖啡）花光了账户里的钱，银行就会收取每笔交易 35 美元的费用作为惩罚。这就意味着 1.5 美元的咖啡最终花费了 36.5 美元。现在它是一杯昂贵的饮料了！

目录

21

40

50

你好

欢迎阅读《我的世界年鉴2022》！虽然我不清楚你们的情况，但是今年过得很快！或许是因为我在地底下待了太久，没有注意到飞逝的时间吧……

无论如何，回顾一下今年的一切总归是不错的！我们将会在这本书中看到《我的世界》如何在游戏中探索人类与万物和谐共生。

当然，我们也会在书中详细地讲解"洞穴与山崖"版本的更新。这是一个全新的世界，它被设计得诡奇无比！比如紫晶洞、可爱的美西螈等。

我们还会讲解一些《我的世界：地下城》发售的可下载内容更新，这些更新包括了下界、丛林以及霜冻的废土。顺带一提，你的"启示录+"的游戏进展。

我们还会收录游戏社区的一些精彩大作，其中包括官方上架的部分传奇冒险地图、材质包，以及尝试复现整个世界的惊人地图。

以上提到的都是这个游戏的独特之处：它就像是一张白纸，让玩家在这里尽情地探索与发现，并发挥想象力讲述自己的故事。玩家在这里相聚，互相学习、创作事物、分享灵感。

而这一切，没有你的参与便无从谈起。

很高兴你能加入我们。来吧，我们出发吧！

亚历克斯·维尔特希尔
Mojang团队

《我的世界》的一年

对于《我的世界》来说，每年都不是平平无奇的——今年也不例外！从任天堂的游戏跨界联动，再到遍布世界的玩家，让我们一起来看看今年的一些高光时刻。

斯帕克斯为你
指点迷津

宝宝尤达

从2014年第一款星球大战系列皮肤登录《我的世界》以来，时间已经过了8年多了。至今我们还能够看到相关的地图、材质包以及人物上线，真是太棒了！曼达洛人最可爱的宝宝也不会缺席！

山羊！

这种顽皮的动物最喜欢蹭飞玩家们！

虚拟现实

多亏了索尼PlayStation VR（虚拟现实装置）上面的免费更新，PlayStation的玩家终于可以利用令人瞠目结舌的虚拟现实技术进入游戏了。小心背后！

发光鱿鱼来了！

出自《我的世界：地球》的生物，这只美妙的发光鱿鱼是第一种被玩家们投票添加进游戏的衍生作品中的生物。

大乱斗！

当史蒂夫与爱丽丝联动成为《任天堂明星大乱斗》特别版的斗士，与马里奥和他的朋友们一同奋战时，玩家们欣喜若狂！

游戏内外

《我的世界》一直致力于改善现实世界，在本书的第49页，你可以了解到无论过去还是现在，我们都鼓励玩家关注现实世界，关心社会问题。

全球游戏

《我的世界》已经风靡全球，甚至有人在南极洲留下了游戏的游玩记录！

冰术师

这位冰冷冷的新灾厄村民出自《我的世界：地下城》。它会向你的头上砸下冰块！冷静点儿，兄弟！

所有人的地下城

多亏了这次免费的跨平台更新！《我的世界：地下城》现在可以让不同平台的玩家一同畅玩！

来点儿硬核！

"洞穴与山崖"的更新给游戏添加了不少新特性，包括这块珍奇的紫水晶碎片！

猪灵蛮兵

你说什么？你想要更凶猛的敌人？好吧，这可是你说的！持斧的猪灵蛮兵将会与勇猛的战士战个痛快！

美西螈大量出现

在游戏水域里畅游的这群美西螈或许是有史以来最可爱的生物。玩家可以用桶收集这些多彩的美西螈。

《我的世界》传奇纪录

斯帕克斯为你
指点迷津

　　《我的世界》游戏社区里高手遍布，经常会有人想出新的方法去创造新纪录，其中有些纪录保持者已经卫冕数年！你觉得，你有机会跻身其中、夺取桂冠吗？

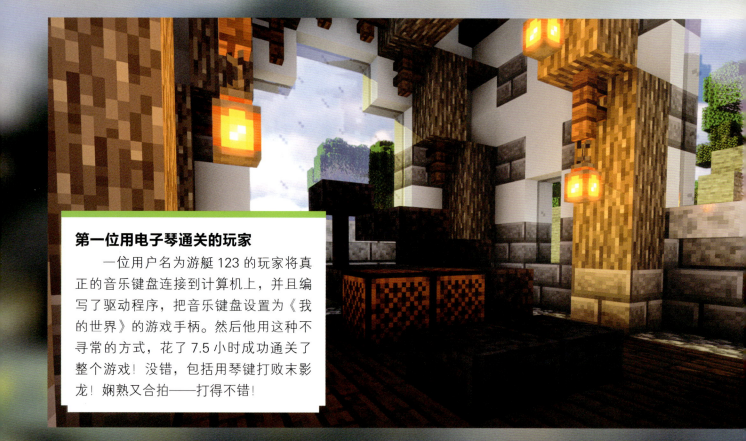

第一位用电子琴通关的玩家

　　一位用户名为游艇123的玩家将真正的音乐键盘连接到计算机上，并且编写了驱动程序，把音乐键盘设置为《我的世界》的游戏手柄。然后他用这种不寻常的方式，花了7.5小时成功通关了整个游戏！没错，包括用琴键打败末影龙！娴熟又合拍——打得不错！

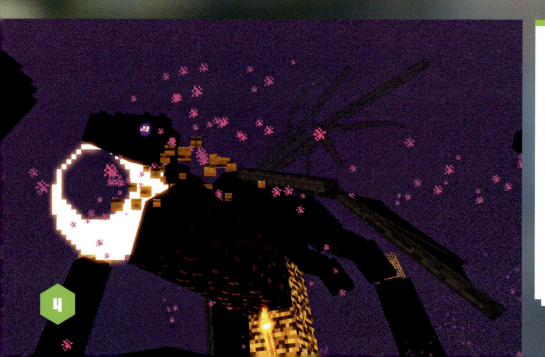

最快的游戏速通纪录

　　玩家矿井工人在2020年8月创下了一份全新的游戏速通纪录。整个游戏过程仅花了3分6秒。这个速度的秘诀是什么？他出生在村庄周围，采集了全部的床，然后进入末地，利用床会爆炸的特性击败了末影龙。自此，其他速通玩家也使用同样的策略不断刷新纪录。

最多的史蒂夫

2015 年，在英国的彼得伯勒市举行了一场名为"采矿"的粉丝聚会，337 位来访的玩家装扮成我们游戏里最传奇的主角——史蒂夫。这次聚会创下了一份官方承认的世界纪录，内容是"在一个地方同时出现史蒂夫的人数最多"。

最先徒步到达边境之地的玩家

一位用户名为疯子基洛的玩家花了足足 9 个月的时间在游戏里徒步抵达了边境之地，这是世界上第一位不使用传送或其他取巧的办法抵达这里的玩家。这是 Java 旧版本游戏里存在的错误生成地形。他从出生点到这里，足足走了超过 1250 万格的路程。如果你玩的是 Java 版游戏，就不要学这个人了，因为边境之地已经在新版本中被修复了！虽然这种地形你还能在基岩版中见到……

最长的极限生存

来自英国的玩家菲尔扎·沃森尝试在同一局极限生存模式游戏下尽可能长时间地存活。令人吃惊的是，他坚持了足足 5 年，而每周他会在网上直播 3 次。最后，他被一只身穿附魔盔甲的小僵尸终结了纪录。真是可惜！

最长的马拉松！

马克·沃尔斯·索查克为一场公益直播连续不停地打了足足 35 小时 40 分 2 秒游戏，创下了《我的世界》最长的马拉松游戏纪录。

地下生存挑战

第一部分

地下的洞窟和峡谷危机四伏，这里有多不胜数的激流险路，还有不停出现的敌人。即使是最厉害的游戏玩家，想要在这里生存下去也是一件不容易的事，让我们来测一测你的能力有多强吧！完成以下每个步骤，看看在回到地面前你能坚持多久。

贝尔为你
指点迷津

1 收集补给

后勤补给永远是最重要的。在开始地下冒险之前，你要为自己收集足够生存的物资，特别是在地下难以找到的物资。要确保食物、水源、树苗、种子还有泥土充足——你接下来的冒险之旅，它们是必不可少的物资。

2 合成你的装备

你知道吗？苦力怕可以瞬间炸死一个没有盔甲的玩家。因此你需要在地下冒险之前为自己合成一套装备。准备一套装备可以让你抵御突如其来的攻击。还有，不要忘记做一把剑。

3 准备好你的镐

为你在地下的生存多准备几把铁镐吧！你甚至可以合成一个附魔台，这样你就可以给你的镐附上效率以及耐久的魔咒，让其更加经久耐用，提高挖掘速度。

5 击败每波怪物

　　随着你探索得越来越深，不可避免地会与僵尸、骷髅还有蜘蛛们搏命厮杀。仔细倾听附近怪物们的动静，如果你遇到了一个刷怪笼，那就做好为了活命大战一场的准备吧！

4 寻找一处矿井

　　是时候挺进地下空间了！寻找附近的一个洞穴或者矿井，带上火把，你就可以去探索这个地下世界的深处了。在你经过的地方留好标记，这样，之后你就可以沿着自己的标记回到出口。

6 寻找大型洞穴

　　继续探索地下世界，你会找到一个规模很大、适合作为基地的洞穴。用火把照亮这里并清理干净剩余的怪物。记得在这个洞穴的出口处放块牌子标记一下。

地下生存挑战

7 临时庇护所

接下来，在洞穴里给自己搭建一个临时庇护所，结构不需要很复杂——只需要4堵墙、1扇门、1个屋顶，再加上一些照亮用的火把就可以了。在床上睡觉可以记录你的重生点，把你的物资保存在箱子里。

8 无限的生命之源

现在你的物资应该消耗了不少了，是时候为将来再筹备一些了。首先，你可以将两桶水相隔一格放置以制造一格无限水源。然后，你就能用中间那格无限水源重新把桶装满。

9 为将来耕种

接下来，从箱子里取出之前准备的泥土，用它们搭建一个大型的地下农场。开建之前，观察一下洞穴里的高度与亮度是否合适。建成之后，使用你的无限水源浇灌所有耕地。

🔟 播下种子

浇灌完毕后，把你的种子取出来种在地里。多种几种作物，比如西瓜、甜菜根和小麦等，这样有助于保持饮食均衡。另外，确保农场的光照足够作物正常生长。

11 地下丛林

接下来，你需要补充你的木材储备。拿出树苗，在地下耕地那里开拓一片区域作为可持续的培育林地。这里的高度一定要足够高，不然树苗无法正常生长。

12 存活

现在你满足了在地下生存所需的一切。在回到地面之前，你能够坚持多久呢？继续完善你的庇护所，做好远离地面、在地下长期生存的准备吧。

"洞穴与山崖"开发者分享

"洞穴与山崖"的更新是大版本更新，在同类更新之中也算是内容繁多。关于这么多新内容，我们想知道开发者是如何受到启发开发出这些内容的。开发者 Vaknin 是参与本次更新的游戏开发人员之一，他为我们分享了一些开发者对这些新内容的见解。

铜

"对游戏而言，添加一种新型矿物是非同小可的。"

新种类的矿物代表了全新的挑战，因为它们必须适应游戏机制。铜也不例外，游戏里针对铜引入了全新的生锈机制，这会导致铜块随着时间推移而不断锈蚀变绿。

"想要取得绝佳的转变周期是非常困难的。"

如果生锈的转变周期过短，方块就变化得太快了；如果过长，玩家等待时会觉得比较沮丧。这就是《我的世界》中的一个黄金尺度——玩家既不会等得太久，也不会跟不上，一切都必须是刚刚好的。

避雷针

"我们曾经定下了一个设计原则，如果发生了什么不好的事情，要么是因为玩家做错了什么，要么玩家可以提前做些什么避免掉。闪电则与这个设计原则不相符。"

一个阳光明媚的下午，Vaknin 在游戏中切切实实地体会到了这点：他辛辛苦苦冒险归来，却发现由于雷击，他的基地有一半都被烧毁了。尽管他并没有做错什么，但是他还是惨遭横祸，非常伤心。不用多说，Mojang 团队当然希望改善玩家们的体验，他们需要给出一个方案来解决闪电。这个问题在避雷针诞生后便迎刃而解了。

望远镜

"由于游戏渲染距离的问题，想要实现望远镜其实稍微有点儿难度。但是局限性往往也是《我的世界》的游戏体验之一。"

望远镜可以让你看清远距离的东西，但是它被游戏的设计给限制住了。游戏只能渲染玩家附近的方块内容，再远还是看不到，而望远镜也破不了这个限制。但是它用起来还是让你很有海盗的感觉嘛！

美西螈

"作为游戏里第一种水中同伴，美西螈会与你一同攻击溺尸与守卫者。如果你击杀了它们正在攻击的目标，它们会给你治愈以回报。这个机制鼓励玩家与美西螈并肩作战。"

开发者观看了各种可爱的萌物视频，并做了考察，最终决定稍微限制一些他们本期望实装的美西螈特性。首先，与现实生活中一样，美西螈面对危险时会装死以躲避攻击。同样地，它们还能主动恢复自己的血量，这点灵感来自它们的近缘种的特征——蝾螈可以重新长出四肢。此外，美西螈还能够协助玩家击败敌人，给战斗体验添加一些额外的甜头，并且解决了10多年来宠物容易暴毙的问题。

山羊

"我们花了几天的时间仔细地思考山羊是什么样子的，它们会有怎么样的行为。首先，它们善于攀登；其次，山羊往往被认为是非常淘气的。"

没有什么动物可以在爬山方面赢过山羊，因此在游戏中，它们爬山时的跳跃又高又准。但这个特性开发起来比较困难，因为游戏里并不会去计算跳跃轨迹。为了弥补这一点，我们使山羊具有一定的抗摔落能力。更重要的是，山羊的表现会更加接近于古灵精怪，而不是某种意义上的敌对生物，它们不会威胁或攻击玩家，不过它们会用头去撞击附近的玩家，哪怕是小山羊也能撞飞玩家！

找不同：
山羊

贝尔与你
一同挑战

有线报称，山顶上发现了一种全新生物。为了了解更多，玩家们开始攀登山峰，试图接近它们，结果却纷纷被撞下山。玩家们取出望远镜远远地观察。你能找出两幅图之中的10处不同吗？

1 ⬡ 2 ⬡ 3 ⬡ 4 ⬡ 5 ⬡ 6 ⬡ 7 ⬡ 8 ⬡ 9 ⬡ 10 ⬡

完成后，翻至第62页核对你的答案。

13

建造

地下建筑挑战

第一部分

和斯帕克斯
一同建造

　　任何一位在远离太阳的地下度过数天或数周的冒险家，都勇气可嘉。地下各处都潜伏着危机，一个合格的地下基地必须要能应对所有可能的威胁。而建造这样的基地并非易事——你，做好准备了吗？

2 警钟

　　警钟是一个非常适合用来确保基地安全的装备。将绊线布置到每处进出的通道里，再连接到警钟上——只要有人进出，警钟就会发出警报。如果你听到了警报声，快速拿起你的武器，准备迎敌！

1 生存空间

　　首先你必须在地底探索到一个大到足够容纳你基地的洞穴。一个又大又宽敞的洞穴可以让你保持条理并早些发现威胁。

3 点亮四周

　　用火把以及其他可以用上的光源将整个洞穴照亮，包括相邻的通道以及隧洞。要保证每个角落都被充分地照亮，这样才不会在意想不到的位置刷怪。

4 铁堡垒

　　在洞穴的正中心使用铁块合成铁门、铁窗、铁栅栏，建造一个安全屋。当你的基地有大波怪物来袭时，你就能在其中安全地度过危机。

14　建造

5 防御

　　由于洞穴连接着无数可以刷怪的隧道，所以你的地下基地就不得不面临持续不断的怪物威胁。建造一些战略防御设施可以将你的敌人轻松击退，比如铁栅栏、箭矢发射器等。

6 农场

　　在地下做好后勤工作还挺难的——毕竟很难找到自然生成的物资。你必须建造能够生产所有必需物资的农场，例如食物以及木头。

7 援军

　　在与怪物的交战中陷入下风了？速速呼叫援军！铁傀儡随时待命，为你追猎、击杀、撕裂任何跨越防御设施的怪物。

地下建筑挑战

和斯帕克斯
一同建造

8 更加坚固的材料

僵尸会不择手段地接近玩家——木门可阻挡不了它们多久！为了保证安全，你必须使用更加坚固的材料建造你的安全屋。使用铁门的堡垒显然更加坚固。

9 瞭望口

你需要在安全屋上添加瞭望口以及防御装置，门前放置一个熔岩发射器可以有效地清理堵门的怪物。瞭望口可以让你确认何时出门才算安全。

铁质安全屋结构

⏱ **0.5 小时** 🏅🏅🏅🏅 **中级**

建造一个坚固的铁质安全屋可以让你远离一切危险，无论是一大拨愤怒的怪物还是滚烫的熔岩流。如果你的生命真的处于危险之中，那你完全可以遁入这个安全铁屋直到度过危机。

建筑提示

记得在安全屋的铁门内外两侧都安装上按钮。被锁在屋内就已经很糟糕了，更不用说被锁在屋外！

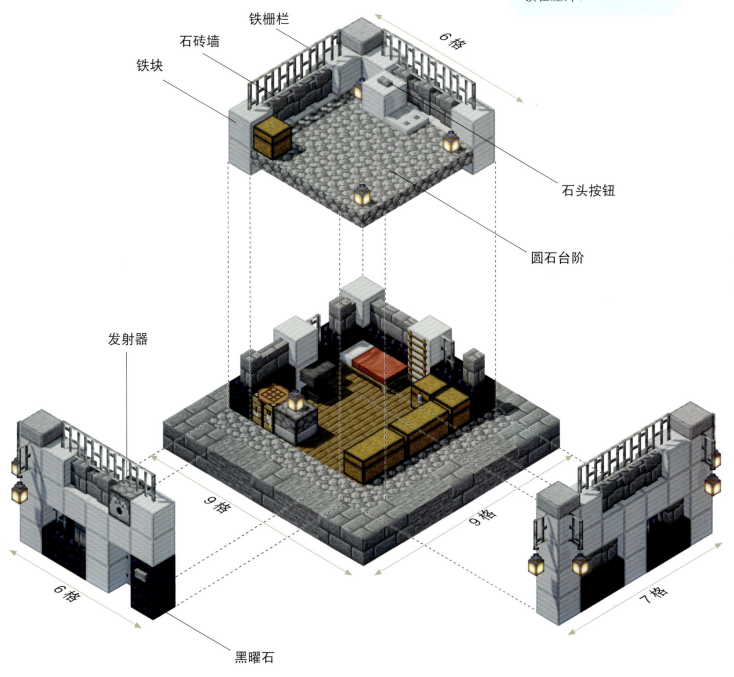

铁栅栏

石砖墙

铁块

6格

石头按钮

圆石台阶

发射器

9格

9格

6格

7格

黑曜石

探索者工具：如何确保方位

第一部分

你可曾有过，因追寻一只可爱的小兔而跑得太远，或者在地牢中探险过久，最后发现自己迷失方向的经历？不只是你迷过路，多年以来，不少玩家都不得不试着原路返回去寻找迷失的基地和矿洞。为了解决这个常见的问题，我们决定和大家分享一些避免迷路的方法。

贝尔为你
指点迷津

1 设定一个重生点

这是最快、最简单，也是最可靠的方法。只要你设定了重生点，你就再也不可能找不回你心爱的基地了。只需要放置一张床，并在上面睡上一觉，如果你不幸死亡，你会在这里重生。

2 记录你的坐标

最稳妥的方法是记录你基地的坐标。按下 F3 键，或者选择菜单里的坐标选项，你就能够知道你的具体坐标。当你迷路时，就可以借助这些坐标轻松导航回家。

₃ 连点成路

　　如果你想要去远处冒险，这个方法一定很适合你。冒险前准备好数组火把，然后边走边用火把标记路线。你只需要沿着火把的方向即可回到起点。

₄ 自然地标

　　寻找家附近的地标可以确保不在该地区迷路。在这片区域仔细探索，并记录下一路所见的独特的地标，比如掠夺者前哨站或者村庄。这些地标可以帮助你定位自己所在的位置以及前进方向。

₅ 高塔和营火信号

　　你也可以自行建造有助于识别区域的地标，比如用方块摞成的高塔以及营火信号。这些地标能够在很远的地方被辨识，为你指路。

₆ 信标

　　这是你能创建的最合适的人工地标。信标会发射一束直冲云霄的耀眼光束，在远处很容易被辨识。顺带一提，它还可以给你一些额外的状态效果，比如说速度、跳跃的提升。然而，这些状态效果需要投入大量资源才能实现。

探索者工具：如何确保方位

第二部分

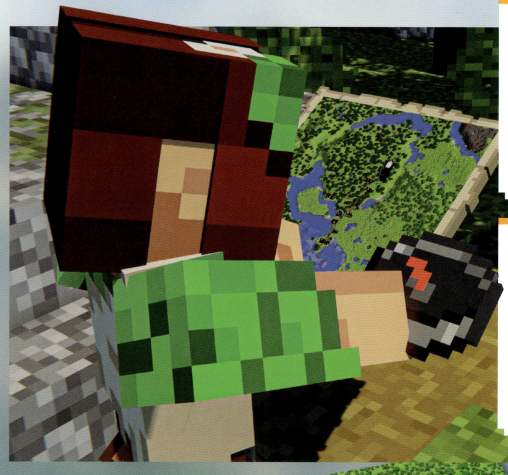

1 传统方式

你也可以使用一些传统方式指引方向，比如太阳每天东升西落，而云朵总是向着西方移动，星星逆时针转动。一旦你了解了这些基础知识，即使没有指南针你也可以辨别方向。

2 地图和指南针

又或者，你可以使用地图和指南针探索一片新区域，这样你就可以同时绘制出一份协助记忆的视觉地图。地图可以记录你所看到的一切地形，比如建筑与河流。如果你添加或者移除方块，地图也会实时更新。

3 旗帜和地标

旗帜和地标也是一种不错的记录区域的方法。如果你玩的是 Java 版，你可以拿着地图对旗帜使用右键记录地点。不同颜色的旗帜会有不同的标志。如果你的版本是基岩版，复制一份地图并且展示在某处的展示框里就可以在这里设置一个标志了。

🔟 世界地图

随着你探索的范围越来越广，你现在一定记录了很多张有关周围地形的地图了。你可以使用这些地图拼出一张世界地图。使用物品展示框摆出大型广告牌的规模，然后按照地形连续放上地图。这差不多就像是使用你的地图制作出来的一张世界地图的拼图。

1️⃣1️⃣ 磁石

磁石是一种可以吸引指南针的天然矿物。如果你找到了一块磁石，就可以将其放在你的基地内，然后拿着指南针对其使用右键。这样这个指南针就会一直指向这块磁石，你可以根据它判断你的基地的方位。这种方法比较适合用于直线返回的情况。

直播主题

斯帕克斯为你
指点迷津

作为一款拥有上百万活跃玩家的游戏，有关它的游戏直播，观看人数自然也是数一数二的。但是作为一款没有固定游玩方式的沙盒游戏，主播应该直播些什么呢？更重要的是，玩家又在直播里看些什么呢？

1 我的世界官方直播

没有玩家不知，没有玩家不爱——我的世界官方直播。它不仅直播新生物投票活动和接下来的版本更新内容，还直播各种关于游戏的最新消息。想要知道最新的官方新闻，就得看这个。每年收看人数高达数百万！

2 探索和建造

这种情况下，主播们往往会创建一个全新的生存世界并去完成一系列目标。在数周内，主播们会在直播中边探索边建造，并和粉丝互动。

③ 游戏速通

速通的目标往往是尽可能快速地通关。主播们互相竞争着速通王者的桂冠，他们需要从全新世界开局，并且击杀末影龙。这种速通竞赛往往只需要不超过15分钟的游戏时间。游戏里甚至还没有度过一天呢！

④ 建筑教学

游戏里的主要机制就是放置方块，建筑自然会成为其中一大热门主题。建筑教学主播们会解析他们的建筑成果，分享他们的搭建经验，教你复刻这些建筑。无论你喜欢什么样的建筑风格，都能在网络上找到相关的建筑教程。

⑤ 红石教程

红石是《我的世界》里一类相当复杂的电路系统。和建筑教学一样，红石教学直播也同样受欢迎。欢迎各位玩家上网观看一些有关红石的详细教学直播，你可以从中了解到如何提高你的红石电路技能，并获取一些专业人士的建议。

⑥ 建筑延时摄影

这些主播往往会录制一些建造规模宏大、细节丰富的建筑过程，并通过延时摄影展示出来。这些令人兴叹的视频往往不会给你展示太多细节，但是它们会激发你尝试建造一些大型建筑的兴趣。

方块聚焦

你知道游戏里有着足足 600 多种形态各异的方块吗？这可真不少。但方块种类一开始并没有这么多。每年，Mojang 都会给玩家们添加拥有不同功能的方块。而今年被添加进游戏的方块有超过 40 多种，让我们来挑选其中的一些杰作看看吧！

莫蒂为你
指点迷津

铜

铜是游戏中的一种新矿物。这类矿物可以合成出铜块——第一个会随着时间推移不断变化的方块。铜有 4 种锈蚀进度。铜锭可以用来合成一些有用的道具，比如望远镜和避雷针。

细雪

又被称为"更像雪的雪"，这种全新的雪方块就像我们平时所能见到的普通雪一样，上面的实体会陷入其中。在有雪的生物群系放置炼药锅可以采集细雪。注意，如果你在细雪中陷了太久的话，会被冻僵并受到伤害。

缠根泥土

当你在野外探索的时候，要特别注意杜鹃花，它们的根部会有寻找资源的全新方式。顺着根部挖掘，你可以很轻松地找到一个繁茂洞穴和一种新的泥土——缠根泥土，真是一种炫酷的新方式！

紫水晶块

玩家们非常喜欢紫水晶块——瞧瞧总共有多少紫水晶碎片和音效就知道了！毫无疑问，我们也很喜欢紫水晶块。这个紫色方块美得令人难以置信，当你行走于其上时，它还会发出一种叮咚的风铃声。

洞穴藤蔓

这个新方块能够发光，可以作为食物来源，甚至还能作为建筑材料使用。功能非常强大的它有望成为社区建筑中的常客。我难以拒绝会发光的食物。

大型垂滴叶

大型垂滴叶是游戏里添加的一种全新植物方块。它有一点非常独特，在水上、在地上都能够生长，而且最上方有一个可以站立的小平台。和其他植物不同，如果你在这个平台上站得太久的话，它的叶子就会软下来，失去支撑力。

遮光玻璃

尽管黑暗很可怕，我们还是选择添加了遮光玻璃。这个方块虽然无法阻挡你的视线，但可以阻拦光线。由于光线会影响怪物的生成，所以我们相信这个方块会改变所有怪物农场的建造方式。

避雷针

这个方块或许会让你想起某些发生火灾烧毁殆尽的房屋，但大部分人对这个方块的到来表示欢迎。在你的建筑上方放置一根避雷针的话，它就可以引导雷电转向，并且将其能量吸收为红石信号。

创想你的更新内容

从"嗡嗡蜂群"到"洞穴与山崖"的更新，《我的世界》经历了无数次的改变才变成了现在这样。开发者们在这些有趣又好玩儿的更新内容上投入了大量的时间和心血。现在轮到你了！如果让你来更新游戏，你会加入什么内容呢？

描述你的更新

代号: ....

详述: ....

....

....

创造新的怪物

命名: ....

命名: ....

描述你的怪物: ....

描述你的怪物: ....

....

....

设计你的新方块

命名：......................................

命名：......................................

命名：......................................

命名：......................................

制作你的新物品

命名：......................................

命名：......................................

命名：......................................

描述你的物品：

....

....

描述你的物品：

....

....

描述你的物品：

....

....

探索者工具：
最大化利用背包

莫蒂为你
指点迷津

想象一下：在离基地很远的地底深处，你发现了一大堆钻石矿——但是你的背包没有额外空间了！我们都遇到过这种情况，我们都曾对背包里的物品是丢是留做过一些取舍。选择确实很困难，但你可曾仔细开发过你的背包空间？我们来一起研究研究。

1 方块组

检查一下你是否最大化了物品堆叠方式。一组矿物可以堆叠到 64 块，但是你知道吗？把矿物熔炼成锭的话，就可以把它们再合成为方块。使用这个技巧，原本只能堆放 64 块矿物的格子，现在可以装入 576 块矿物！同样的技巧也能在煤、红石和青金石上起效。

2 潜影箱

某些情况下，你可能需要携带大量的物品长途跋涉，这时候往往你的背包就剩不下多少空间了。潜影箱是一个非常不错的对应方案。首先，把潜影箱放置在地上；然后往里面放入需要携带的物品；最后把潜影箱采集起来就可以存入背包了。当你再把它放到地面上时，之前存入的那些物品还会在箱子中。

3 末影箱

你知道每个末影箱的内容都是同步的吗？

在你的基地里放一个末影箱，然后背包里再放一个末影箱。当你背包的空间用完时，把背包里的末影箱拿出来，再把背包里的物品转移到末影箱里去。回到基地时，你可以从基地的末影箱里取出这些物品。末影箱的容量为 27 格，非常适合用于存放一些高价值道具。

4 堆叠整理

你有没有整理过你的背包？有时候你的背包里会有一些同种物品的堆叠，你可以通过双击其中一堆物品很方便地取出这些物品。这个功能可以一次性拿出一组堆叠满的该类物品，有时候甚至可以为你空出一个空闲背包栏位。

5 羊驼商队

使用能够载物的动物也是一种极佳的优化背包空间的好方法。给它们装上箱子，牵起拴绳，你可以用整整一条羊驼商队来运输你的物品。当你采掘资源时，只需要把拴绳系在一根栅栏上，羊驼们就会乖乖地等你回来，但是要注意不要让商队里的羊驼走丢了！

6 前哨站

你可以在靠近你基地的地方建立一个前哨站，这会让你很方便地管理背包还有各类补给。如果你在前哨站与基地之间拉起一条铁路，就可以使用矿车往基地运输物品了，还可以使用漏斗自动从矿车上卸货。这样当你下次回来之前，存储工作就可以自动完成了。

合成专家

与斯帕克斯
一同挑战

注意了，无畏的勇者，危机要来了！灾厄村民找到了大师合成书，把其中不少书页都给毁掉了。现在整个王国里，人们因为无法合成出自己所需要的物品而陷入了混乱。我们必须修复这本大师合成书！你能把破损的书页拼回原样吗？

合成表是哪个？

将物品与下列合成表相对应——只需要用到其中 4 个！

1 我的答案

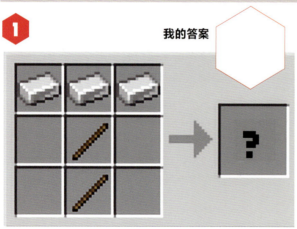

2 我的答案

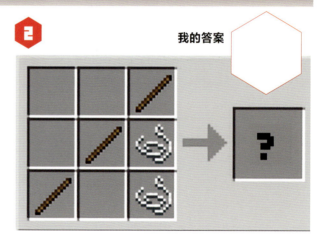

3 我的答案

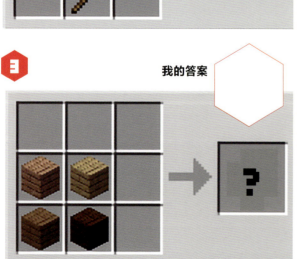

4 我的答案

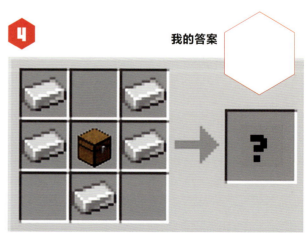

缺失的素材

将缺失的素材拼回合成表——有 1 个多余选项！

1

我的答案

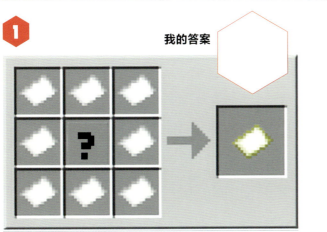

2

我的答案

3

我的答案

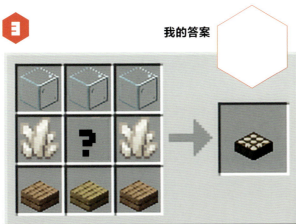

4

我的答案

答案在第 62 页。

市场

贝尔为你
指点迷津

我们需要时不时换换风景，这也正是发现全新的冒险地图与游戏模式，又或者是改变风格的材质包的乐趣所在。有太多可以在《我的世界》市场里获取的内容了——下面是社区里的一些精品收录！

冒险地图

下载这些超酷的冒险地图，或是自己畅玩，或是与好友共享，好好玩个痛快吧！

逃离恐怖屋

作者：PIXELONEUP

这张地图仅提供给那些最勇敢的游戏玩家。你被困在了世界上最诡异的房子里，为了逃出这里，你需要不断地解开谜题，完美地进行跑酷，再击倒一拨拨怪物！

梦幻岛屿：马德拉群岛

作者：PIXELBIESTER

不是每张地图都需要压迫感，下载这张华丽的互动地图，探索大地、海洋还有天空以发掘隐藏的谜团。与小镇居民交流，训练你的宠物狗并和它玩耍，装饰你的新家。好好放松一下吧！

雨林野生动物探险家

作者：EVERBLOOM GAMES

对于自然爱好者来说，这是一张最完美的雨林冒险地图。进入雨林地图后，你可以使用你的相机去追踪并拍摄整整 20 种全新的野生动物。与蛇一起滑翔，与鳄鱼一同前行！

人体大冒险

作者：GOE-CRAFT

想必那些钟爱科学冷知识的玩家会喜欢这张地图。这次人体冒险会让你有机会在肠道中漫步，参观所有的器官，还可以坐着矿车跟随奔涌的血流探秘！

材质包

厌倦千篇一律的方块了？这里有一些可供改变风格的超酷材质包！

现代城市

作者：GOE-CRAFT

如果你想要建造现代城市建筑，那么这款材质包是必不可少的。不论你想要建造摩天大楼，还是仅仅想身着漂亮西装，这款材质包都能满足你，它将游戏里的生物群系改为混凝土丛林。

由不塔拉王国之传说

作者：PATHWAY STUDIOS

用这款超酷的材质包将你的世界打造成完完全全的奇幻风格吧！材质包里还包括了重新绘制的 UI 界面、全新的方块设计和不少新村民的外观。

卡通工艺

作者：GOE-CRAFT

这款材质包给所有的游戏角色都换上了可爱的卡通皮肤，同时也把所有方块的风格改成了欢快明亮的新风格。哪怕是原来面目可憎的怪物现在看上去也有点儿萌，平易近人——但是注意，它们还是和原来一样危险！

清晰

作者：PATHWAY STUDIOS

这款材质包为所有默认的方块添加了更多的细节与更高的分辨率，如果你想要让你的世界看上去更加真实，我们向你推荐这款材质包。哪怕是最普通的生物群系，也会在这款材质包的加持下变得高清起来！

超级复古

作者：4J STUDIOS

或许你不喜欢更多的细节，或许你更喜欢让你的游戏看上去更加复古。这款材质包可以把所有物品抹上浓厚的像素风格。一股 20 世纪 80 年代的复古风扑面而来！

星间奥德赛：超越太空

作者：ODD BLOCK

所有科幻迷都注意了！这款材质包使得建造外星世界与殖民基地更加轻松，它里边还有不少诡异的外星生物音效和全新的外星音乐。

生存包

为你的生存模式游戏添加一些奇妙的内容吧，这些自制的出生点建筑想必就很合适！

下界秘密基地
作者：GOE-CRAFT

有没有想过在滚烫的熔岩湖上建立自己的据点？这款奇妙的预制据点结合了炫酷的外观和独特的红石机构，可以为你的下界冒险增添更多风趣。

贝壳王国
作者：BLOCKLAB STUDIOS

就算是海神波塞冬，都会羡慕这片海洋之国！它有着珊瑚城堡、秘密宝藏，还有着待驯服或待击败的全新生物，邀请你的朋友们一同遨游吧！

独角兽
作者：NITRIC CONCEPTS

有什么比独角兽还好呢？独角兽宝宝！在这个多彩的糖果世界里，独角兽宝宝随处可见。这里有女巫，还有一座彩虹城堡。哦，我有没有和你说过独角兽是可以飞的！它还能让你骑上它呢！魔法真厉害！

空心山谷
作者：DRAGNOZ

这款生存包是我们见过的最酷的生存包之一，它装载了一个可完整体验的村庄！这有什么神奇的呢？这座村庄建造在一个巨大的球体山丘内部，而房屋都是建造在我们的头顶之上的。真诡异！

制作房屋
作者：CUBED CREATIONS

这个点子怎么样呢？这款生存包添加了不少特殊的合成表，这些合成表可以直接合成出类似风车、树屋或者诡异女巫塔的建筑。快去收集材料做一些出来吧！

混搭包

在这些很棒的混搭包里探索全新的主题与人物吧！

古怪西部

作者：TEAM VISIONARY

准备好马鞍吧，牛仔！你将在这款混搭包里体验完整的西部荒野生活。你将会扮演一位西部牛仔，在一座边境小镇开始你的冒险，你甚至还会见到一些全新的动物。到西部开拓自己的牧场吧！

未中文化

作者：MYTHICUS

装载了这个巨大的混搭包后，你可以飞到一系列悬浮岛屿组成的空中大陆之上。其内含 30 多张新皮肤和 50 多种新动物。探索 40 个飞行的村庄，每个村庄都会给你发布一些协助其重建家园的任务。飞起吧！

怪物学校

作者：TEAM VISIONARY

哦，不！你的朋友全部变成了怪物，邪恶势力占领了你的学校！你将向谁寻求帮助？天啊！现在只剩你了。你最好赶快击败 4 位兽性首领，拯救世界！你能解除诅咒，拯救你的朋友们吗？

忍者混搭

作者：EVERBLOOM GAMES

穿上你的夜行服，现在我们到了 19 世纪的日本。这个混搭包提供了一个可供探索的日式小镇，你还可以使用钩爪在屋顶追逐，和武道场的敌人战斗！

霓虹城市

作者：GOE-CRAFT

让我们飞往这座时髦的未来科幻城市吧。这里充斥着无人机、宇宙飞船、任务和谜团。更重要的是，这里还有各种各样的机器人。霓虹灯的蓝粉光芒让这座城市的气氛非同一般，所以继续吧——为其发光！

捉迷藏：洞穴

新洞穴的劲爆话题近期已经引起了社区内部的广泛讨论。玩家纷纷挤进了主世界各处的山洞，希望能够发现一些全新的玩意儿。每个人都很开心，但是斯卡雷特除外。因为她与她的宠物狼露娜走散了。你能不能帮助斯卡雷特找到宠物狼呢？看看你能不能找到所有迷路的生物。

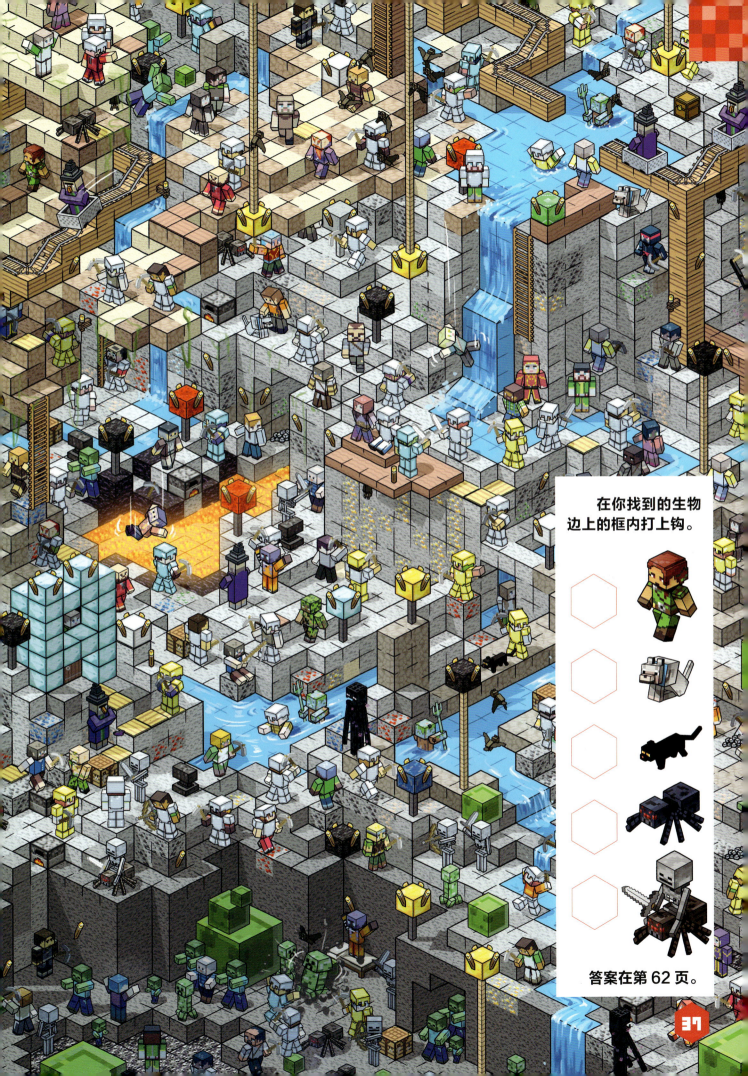

在你找到的生物边上的框内打上钩。

答案在第 62 页。

历史的碎片

人们对主世界遗留的建筑知之甚少。是谁建造了它们？为什么要建造？贝尔决定去解开历史的谜团，你能够帮助他解开这些古老的谜团吗？这些破碎的拼图恰好需要一位技巧出众的玩家来解密！

与贝尔
一同挑战

这一页有11张拼图。你的挑战是将其中8张拼图放在第39页正确的空缺之中，并在正确的位置写上拼图编号。

答案在第62页。

工作室建筑挑战

与斯帕克斯
一同建造

这些建造项目可以让玩家玩转主世界。每处角落都有特殊的挑战，因为玩家会面临当地生活条件的影响。在正式建造之前，获取足够的建筑材料是相当重要的。本期创意工作室将会教你面对任何情况如何做好万全的准备。

四海为家

如果你和你的主基地距离过远，重新设置一个重生点，或许能节省很多赶路的时间。在工作室内放置一张床，将其设置为全新的重生点。

临时工作室建筑

⏱ **0.5 小时** ❶❷❸❹ **简单**

临时工作室是在大型建筑完工前的一类临时建筑。它一般使用现有的材料建造，比如木材，这样你就可以将稀有方块用到主要的建筑上。

建筑提示

在工地的边上建造这样的临时工作室，确保里面要有功能性的方块，比如工作台。你需要用这些方块来制作大型建筑所需的建筑材料。

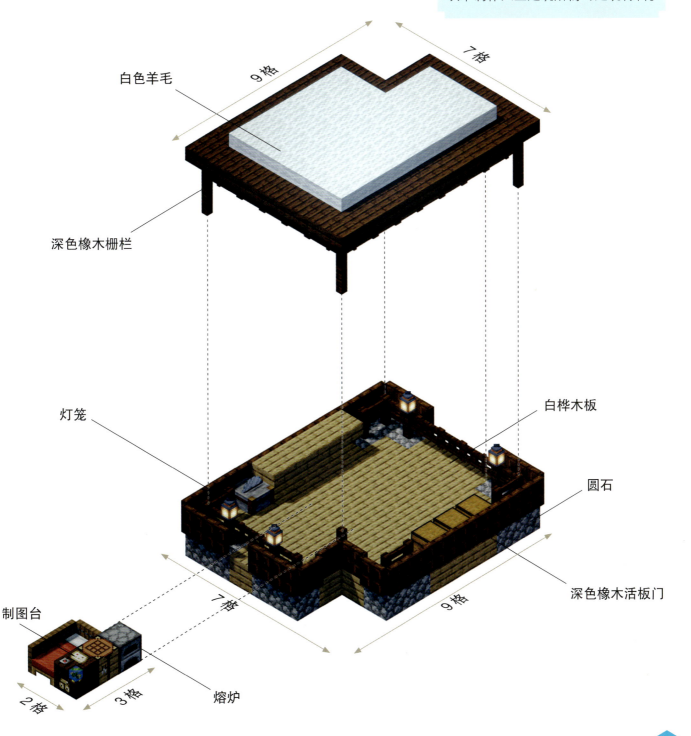

白色羊毛

7格

9格

深色橡木栅栏

灯笼

白桦木板

圆石

深色橡木活板门

制图台

熔炉

7格

9格

2格

3格

我的世界：地下城

斯科特为你
指点迷津

如果你想要持续性地冒险，那么《我的世界：地下城》对你而言想必是个不错的选择。地下城的开拓者见证了不少新角色的加入、新武器的探寻，还有全新的敌人与头目！看看最新的地下城吧，比如觉醒丛林、悚伏寒冬和下界之焰。

去见铁匠！

有没有武器想要升级？把陷于红石矿山的铁匠救出来，他将会回到你的营地那里开店，你可以拜访他并支付一些金子，他就会把你最好的武器和盔甲升级，更上一层楼！

豪华大促！

瞧瞧这些全身花哨的家伙——奢侈品商人。首先，你需要在仙人掌峡谷中找到他们，然后击败他们的首领，解锁更多的物品！他们囤积了满载附魔的高级商品，所以平时节俭一点儿，该出手时就出手！

远古狩猎

还在寻找游戏中最好的装备？拿上你的装备还有附魔点数，将它们献祭到特殊的关卡里，你就有机会猎取到一些镀金装备。仔细斟酌！一旦你献祭完成，开始一项任务后，就没办法取回被献祭的装备了。风险越高，回报越高。

何时天启？

你已经通关了所有任务，然后又在天启难度下通关了一遍。你觉得这就结束了吗？不！现在有了天启＋难度可供选择，它的挑战难度更高，但可供升级的范围也更广了。对硬核玩家来说，这是终极考验！

接受挑战！

准备好接受独特挑战了吗？那么来看看每日挑战吧！你可以在秘密任务列表中选择它，任务要求往往是在更高的难度下重新攻打某个特殊条件下的关卡。一旦成功到达关底，你将获得一件装着稀有道具的黑曜石宝箱。奖励！

下界之焰

热火来袭！你有没有足够的能力面对下界最凶猛的敌人？这个火热的地下城会给玩家带来6个全新关卡，完成任务后就可以击败暴徒，获得装备并招募新伙伴。

腐化种子

在《我的世界：地下城》里被敌人围攻是很常见的事情。这件来自觉醒丛林的强大神器很适合帮你清空身边的区域。它会召唤杀意十足的藤蔓帮你毒杀四周的敌人，给你一刻喘息的时间！呼！

嘘，最高机密！

你知道在《我的世界：地下城》里还有一个秘密的奖励关卡吗？是真的！我答应过奇厄教主不会剧透这个惊喜的。但是你通关黑曜之巅后，或许应该找找你的营地教堂里有没有什么秘密符文？我只是随便一说……

发现

地下城聚焦

觉醒丛林

这座潮湿、危险的岛屿遍布着全新的绿叶敌人，哪怕是最顽强的战士面对它们都不得不小心应战。以下是你在任务中需要注意的一些地方。

唤藤者

注意这个多枝在近距离的时候用树枝攻击你。它会在近距离时，则会召唤藤蔓困住或毒害你。开后，当距离拉

腾跃之叶

虽然它看上去像个可爱的灌木，但是千万不要低估了它！它的跳跃距离非常长，落下时会造成强大的冲击波！

熊猫高原

你已经揭开了这片暗丛林中的所有秘密，接下来你需要穿过峡谷、跨越吊桥而不是直接通关。经过雕像后，如果你的运气不错，这片熊猫高原就会出现在你的面前！

哀霜幽灵

小心这个头目敌人，它会使用投掷物。传送移动以及召唤小怪物来一同围攻你。这是冰雪与你开的一个小小的玩笑！

精冻僵尸

你熟悉僵尸吗？再好好想想！它是经典变种。这类僵尸会投掷雪球并造成冰冻伤害，减慢你的速度！

伏冬塞冬

你要想在这片满是冰雪敌人的冰冻原野上生存，必须做好保暖工作。目标是抵达孤寂要塞，不过想来这并不容易……

失落居所

你需要探索冰霜峡湾时才能在这片隐藏区域出现时发现它。然后你需要穿越一个废弃营地，与一位恶魔诡秘的废弃营地，与一位恶魔幻术师战斗！

凛冬之触

这类强大的新型弓可以在探索冰霜峡湾或者失落居所时搜集到。每次充能完成后可以发射 3 发箭矢，每发前箭都会造成寒冰伤害。

2105

329

M

E

-51

LV 55

3

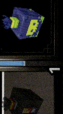

2

1

I

2

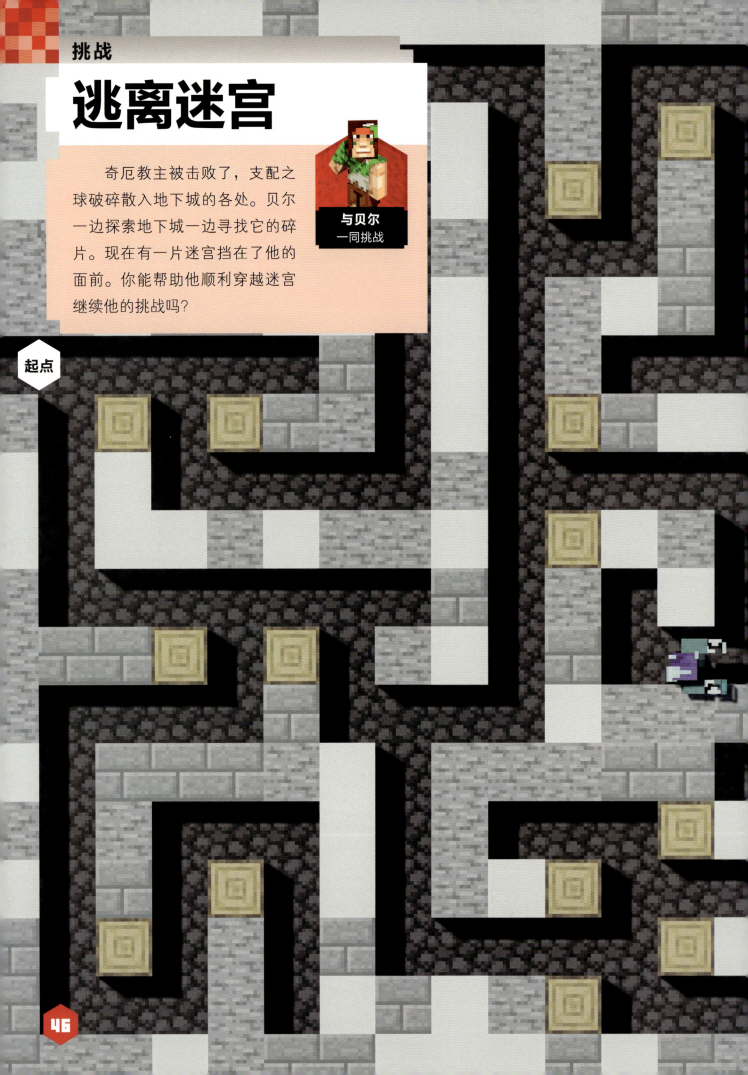

逃离迷宫

与贝尔
一同挑战

　　奇厄教主被击败了，支配之球破碎散入地下城的各处。贝尔一边探索地下城一边寻找它的碎片。现在有一片迷宫挡在了他的面前。你能帮助他顺利穿越迷宫继续他的挑战吗？

起点

终点

答案在第62页。

《我的世界》进课堂

不仅全世界上百万的玩家都在使用《我的世界》来进行探索、建筑与制造，《我的世界》教育版也一直忙于参与一些奇妙的项目，以鼓励学生学习和交流。这是《我的世界》最近做出的一些成就！

与莫蒂
一起学习

全球建筑竞标赛

2020 年年末，《我的世界》玩家首次有机会参加第一场全球性质的建筑比赛。参赛团队需要设想人类与野生动物共处的全新方式。

都市女孩儿运动

在瑞典的布特许尔卡市，有一群女学生使用《我的世界》重新设计了她们镇子里的公共区域，使得大家能够更加安全地社交。她们的方块创意最后变成了现实中的建筑。使用方块来建造？真是疯狂！

《我的世界》露营体验

美国密苏里州的帕克大学在寒假举办了一场《我的世界》训练营。参与者探索了著名的俄勒冈州小径且坐上了海盗船。最重要的是，他们学会了如何编写程序让天空下起小鸡！真是鸡飞蛋打！

聚焦社会

互动课程

　　近年来，社会问题越来越受关注。《我的世界》教育版通过开展一系列相关的互动课程，帮助人们了解、研究社会问题。

　　历史上很多人都关心社会问题，并亲身实践，这样才有了社会不断进步。

直面现实

　　无论过去还是现在，我们都致力于改善现实世界，并为之努力。

穿越时间

　　玩家们可以在游戏中穿越时间，回到过去，与不同时代的社会学家会面。

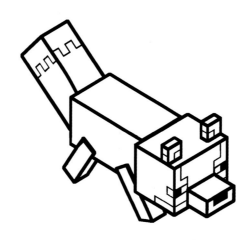